Californie

Sylvie Crossman
Édouard Fenwick

Californie

Le nouvel âge

Éditions du Seuil

CET OUVRAGE A ÉTÉ ÉDITÉ AUX ÉDITIONS DU SEUIL
SOUS LA DIRECTION DE JEAN-PIERRE BAROU

En couverture : photo J.-P. Laffont,
Sygma.

ISBN 2-02-006348-4
(ISBN 2-02-005896-0, 1re publication)

© *Éditions du Seuil, 1981, sous le titre* le Nouvel Age

Sylvie Crossman a rédigé les chapitres intitulés : « Sylvie », « Sciences : les apprentis-sorciers », « Féminin-masculin : il est interdit de ne plus désirer », « Renaître ».

Edouard Fenwick a rédigé les chapitres intitulés « Edouard », « Santé : choisissez » et les passages sur l'homosexualité masculine.

Le chapitre intitulé : « Big Mamma » a été rédigé conjointement par les deux auteurs.

Sylvie

A Jean-Pierre Barou
A Richard Walden
A Jacques, Suzanne, Nadia, Manuela.

Devant moi, à califourchon sur la terre et le Pacifique, danse un cerf-volant. Léger, ce ruban de sept losanges aux couleurs d'arc-en-ciel s'amuse à grignoter sur le vide quelques mètres de corde. Le cerf-volant pique vers le sable et reprend l'envol au moment même où je le croyais écrasé. Et si, pour survivre ou exister, les Californiens se contentaient d'agiter sous nos yeux ces plaisirs rouge, orangé, jaune, vert, bleu, violet et indigo ?

Sous mes pieds, déjà, le continent se dérobe. Le corps des surfers répond par l'affirmative à ma question. A trois grandes foulées d'yeux, l'horizon me renvoie un bruit. L'Asie qui enfle et vient s'échouer sur la Ville des Anges. Je la sais là-bas peuplée, sonore, guerrière. A cent mètres de la rive, la grève a amorti le bruit. L'Orient, on le perçoit ici comme une rumeur. L'Ouest épouse l'Est comme si une catalyse avait lieu quand l'Asie s'engouffrait dans le premier corridor d'Occident.

Tracé sur le chevalet du Pacifique, le triangle d'un kimono coiffé de cheveux clairs. Détaché du sol, il reste suspendu, une fraction de seconde. Immobile. Puis de nouveau, le triangle

9

ceinturé de noir touche le sable. La chute est imperceptible. C'est un exercice de Tai Chi. Lasse des discours, j'aime ce répit, cette gestuelle du silence. Une suite de mouvements dans un espace. La Californie, n'est-ce que cela ?

Incessantes perditions de mes valeurs. Baptêmes pour mes nouvelles croyances. Je ne possède pas la vie. Au mieux j'en caresse le reflet. Les contours de l'État californien évoquent ceux d'un miroir à main. Je m'y regarde. Je les regarde : ils ne font en vivant que mimer l'inspiration et le ressac de l'océan. L'être humain en sa forme la plus accomplie est un Pacifique.

L'océan ici est un Maître. Vague après vague, la houle m'a pacifiée. Attentive à son pouls régulier, je prends conscience que depuis mon enfance j'ai toujours perçu, senti ce son, ces couleurs, cet élan de vie. Spectacle de mer, la Californie n'interdit pas le divin.

Un dos s'est dénudé. Il a oscillé d'abord puis s'est rétabli. Pendule revenu au centre. Un jour que je vacillais trop, Céleste, une amie californienne, m'a fait don d'un pendentif. « Porte-le autour du cou, m'a-t-elle dit, il t'aidera à retrouver ton centre. » Je balance entre le passé d'une terre déjà étrangère et l'avenir d'un territoire pas encore présent.

Jambes nues dans l'aventure, il m'est arrivé souvent de vaciller et de chercher refuge. « Tout ce qui n'est pas bien fixé au sol, lorsqu'on incline l'Amérique vers l'Ouest, dit la légende, atterrit à Los Angeles. » J'habite un quartier de Los Angeles, Venice. Mes fenêtres ouvrent sur l'océan.

Six ans déjà que je posais mes deux valises sur le trottoir de l'aéroport de Los Angeles. En septembre. Je m'étais ennuyée l'année précédente à l'École normale supérieure de Fontenay-aux-Roses.

Los Angeles ; un pied de nez à une directrice qui m'avait déconseillé, « pour mon bien », d'aller ailleurs qu'à Oxford passer l'année prévue à l'étranger, dans le programme de l'école. Là, j'écrirai mon mémoire sur Henry Miller, l'Américain anormal et supérieur. Sur son territoire.

C'est du persan *Karii-farn,* Montagne du Paradis, que dérive-rait le mot Californie. Allais-je à mon tour consolider à grands traits de couleurs les flancs de cette montagne ?

Marco Polo avait fait mention d'une île, « une île fabuleuse près de la côte d'Asie », sur laquelle personne encore n'aurait marché. Mythe de l'île d'autant plus séduisant que son rattachement à la terre, plus tard, sur la carte des navigateurs, allait la rendre accessible sans toutefois la rapprocher. On la raccrocha au continent mais elle dérivait...

La Californie m'accorde le pouvoir de m'éprouver, Occiden-tale toujours, mais sans médiation. De me donner virginale à la violente brassée de l'océan.

Je rêve en souriant aux quêtes folles de mes hôtes californiens, au spectacle des savants collaborant avec les médiums, des colonels concevant sur le papier des armées de lumière et de paix, du mysticisme poussant comme du chiendent dans la vallée de l'informatique. Savants, colonels et mystiques californiens me sont étranges. Ils ne me sont pas étrangers. Ils sont venus d'où je viens.

Comme eux, désamarrée et cédant à l'unique logique de l'« aller plus loin », délivrée de toute ardeur économique, privilégiée en somme, je joue à expérimenter mes idées d'ado-lescente. Je vais les regarder quêter sans cesse de nouveaux outils pour ne pas s'arrêter de vivre. Je vais participer à leur fervente aventure. Jusqu'à quel point ?

La règle californienne du jeu commande qu'on bâtisse des remblais assez fragiles pour qu'ils puissent être brisés sitôt construits, et reconstruits sitôt brisés. Frénésie désespérée d'aller plus loin, d'aller plus haut, comme si leur projet de vie ne consistait qu'à gagner du terrain, à s'amplifier, à grandir. *To grow*. Le thème de l'essor est ici un credo pour l'adulte.

Et si c'était un faux rêve ? Il neigera sur Los Angeles dit la voyante, et les chercheurs de l'Institut de technologie à Pasadena prévoient qu'en cas de guerre atomique deux cents mégatonnes de bombes seront lancées sur la ville, détruisant en quelques minutes six millions de personnes. C'est sur un ranch californien que Ronald Reagan faisant siffler son lasso promet à l'Amérique entière de la faire galoper à rebours de l'histoire vers le plus fallacieux des mythes, l'*American Dream* (le rêve américain). En juin 1980, un candidat au Congrès de Californie, « Grand Dragon » du Ku Klux Klan, l'emporte au premier tour des élections avec un programme explicitement raciste. Dans le ghetto noir de Watts, à Los Angeles, il couve aujourd'hui les mêmes douleurs qu'avant les émeutes de 1965. Los Angeles présente aujourd'hui le taux de criminalité le plus élevé des États-Unis. Les déshérités semblent n'avoir que faire de la douceur de vivre californienne. Ils n'écoutent pas – l'entendent-ils ? – le message qu'on leur tend comme un pacte de paix universelle, transcendant les races et les classes sociales. Ils préfèrent souvent l'efficacité d'une arme à feu à la luxueuse méditation d'un gourou blanc. Mais ont-ils le choix ?

Si on ne répugne pas à la scruter, la Californie de 1980 ressemble à l'Europe engourdie comme une caricature. Elle porte deux visages, celui d'un « fascisme à visage humain » selon l'expression de Bert Gross, idéologue de la nouvelle gauche américaine. C'est celui de l'enfant du pays, Ronald Reagan, pansant une bonne fois pour toutes les blessures de conscience des vétérans. « La guerre du Vietnam était une noble cause. Notre seule faute fut de la perdre. » Et, d'autre part, une promesse plus diversement formulée qu'ailleurs : l'instauration d'une cité neuve où des pionniers insufflent de nouveaux devoirs, ceux du

Nouvel Age, à la médecine, la science, l'éducation, la sexualité.

L'aventure de conscience, qu'avec les Californiens j'ai choisi de vivre, ne concerne encore qu'une minorité des vingt-deux millions d'habitants de ce territoire. Aventuriers-philosophes, Blancs, aisés et privilégiés, leurs interrogations, leur désarroi, leurs folies ou leurs joies me parlent. Sont-elles valides ou décadentes ? Qu'importe puisqu'elles les concernent, puisqu'elles nous concernent, puisqu'en ces 10, 15 ou 20 % de la population californienne je me suis reconnue.

Ils sont le *Network*, le réseau. Ils conspirent, c'est dire qu'ils respirent ensemble. Un chef de file parle de la conspiration du Verseau, de l'*Aquarian Age*. Dans le zodiaque, le Verseau est porteur d'eau. Il symbolise la fluidité de la vie, le tao, flux de l'univers dans la philosophie orientale. Le symbole du Verseau étanche une soif à la fois récente et très ancienne. C'est la foi en une renaissance et la construction pièce par pièce d'un être neuf ou peut-être simplement les retrouvailles avec un être très ancien, très permanent.

Quotidiennement, leur société se pulvérise. Aussi rapidement que mutent les bactéries sous les microscopes des généticiens de l'université de Californie. Assiste-t-on ici à une mutation de l'espèce ?

Le voyage est vertigineux. Rater un virage, franchir le parapet, rider le Pacifique... Dans les tunnels de ces alternatives, je tâtonnais avec délices et douleurs. Il n'était plus temps de me retourner. Je devais conquérir ma propre règle car, en territoire californien, chacun est tenu de fonder sa valeur individuelle. Cet excès de permissions me serait-il contrainte ? Voudrais-je infiniment moins que je ne peux ? Manquerais-je déjà du choix de ne pas choisir ?

A cœur tremblant et émotion frêle, je les ai regardés partir caresser deux hommes puis deux femmes quand ils semblaient

13

vouloir n'en caresser qu'un. De ces corps trop parfaitement sculptés, suintaient à tout instant des larmes de soleil. Ils ont plus de peine qu'on ne s'imagine à *jogger* de bonne heure dans la modernité. Est-ce pour cela qu'ils arborent sur les poitrines de leurs tee-shirts des cœurs sanguinolents ? Ces balafres de douleur sur des tricots de coton seraient-elles une leçon ? Apprendrais-je de cette source inattendue le plaisir des limites ? Au moins de celles que j'aurais su moi-même me fixer ?

J'ai aimé trouver avant l'Orient le sens d'une mission : une mission grave et ludique. Celle de dire au voyageur fourbu que l'espérance est inscrite dans la nature de ce lieu, qu'ici, à l'extrême bout, rien n'est encore joué. J'ai aimé qu'on parie ici sur la survie triomphale des voyageurs modernes que nous sommes.

Je suis restée plus longtemps que prévu. Fascinée et agacée. Je respectais leurs désirs d'être, avec vents et marées, humilité et démesure. J'aimais leur courage de vivre l'échec sur le même mode que la gloire. Parallèlement, rien ne m'irritait plus que leurs certitudes grandioses, leur foi si éperdue en leur singulier destin, en leur valeur d'exemple, leur manière de troquer du jour au lendemain une histoire contre une autre. Il m'a semblé qu'à leur contact, je me laissais porter par les mêmes puissances ou que je sombrais dans une semblable solitude.

Alors, au fil de ma quête, j'ai tissé des connivences avec le réseau de ces vies. Je suis restée pour les dire.

Big Mamma

« La terre, mais elle bouge en permanence. Et puis ce n'est pas nouveau en Californie.

La vieille dame ajuste sa perruque rousse et chasse une mouche posée sur son nez.

« Ça fait un moment qu'on dérive. Les collines sacrées de la Cité des Anges [1] voyagent depuis toujours vers le nord. Il n'y a pas si longtemps de cela (elle ricane entre ses dents que masque un rouge à lèvres criard), il y a six millions d'années seulement, elles surplombaient le Pacifique à mille kilomètres au sud d'ici.

Ses deux index aux ongles vernis s'écartent de cinq centimètres.

« A ce train-là, ajoute-t-elle, on passera au large de la baie de San Francisco dans dix millions d'années. Une belle croisière. Et, si la planète n'explose pas avant, il neigera sur Los Angeles dans trente millions d'années. On sera tous logés dans la grande banlieue d'Anchorage, en Alaska. Terminé alors le nudisme et les bains chauds au sommet des collines sous les eucalyptus. Il nous faudra bâtir, comme en Finlande, des saunas dans la toundra. Ne vous en faites pas, allez, on trouvera bien une astuce pour jouir

---

1. Le nom exact de la ville est El Pueblo de Nuestra Señora la Reina de Los Angeles de Porciúncula.

de la vie. On sera quand même californien. A moins que le cataclysme annoncé par les prophètes ne nous précipite tous au fond de l'océan.

Elle a tendu un bras vindicatif vers la faune chaussée de patins à roulettes :

« Demandez-leur donc à ces gourous.

C'est un après-midi de février à Venice, un quartier de Los Angeles, au bord du Pacifique.

Il fait vingt-six degrés.

Se pavanant dans sa cape aux couleurs de paon, un arlequin décroche deux clochettes de sa ceinture et me les tend.

– Je m'appelle Gingles à cause de mes clochettes... Tenez. Je vous en donne une. Pour vous mettre dans les bonnes grâces de Big Mamma... notre tremblement de terre.

« Moi, ce que je ferais si la terre se mettait à trembler ?... Là, maintenant ?... Je me laisserais porter par le courant au sommet de la vague, un cavalier au trot enlevé... De bonnes vibrations... positives. Les tours de béton bourrées de cadres déguisés s'effondreront. Nous, les forts, agrippés à la crinière de Big Mamma, nous triompherons. Le tremblement de terre, c'est le Salut : les bons vont survivre, les mauvais disparaître. Le jour du Jugement Dernier, ils n'auront pas le temps de ramasser leurs dollars. Talonnant les flancs de notre monture, nous crierons : " Allez, allez, plus vite, emporte-les... " Le tremblement de terre est avec nous. Un grand nettoyage de printemps. Après le déluge, nous glisserons, majestueux, sur nos patins. Debout sur les ruines, nous fumerons de la bonne herbe. Nous aspirerons enfin l'air du Nouvel Age. Aucun doute, c'est pour bientôt. Tous les " médiums " le prédisent. Les petits spasmes qui nous parcourent l'échine sont des signes avant-coureurs.

Une fille mince, aux jambes pailletées, s'échoue contre Gingles. Sur la fesse mauve de son short de soie, une paire de lèvres en relief.

– Ah, vous parlez de Big Mamma, celle qui va nous bercer pour de bon ? C'est pour quand ? Vous savez ?

– Pour demain, répond Gingles. Pour demain, douce marquise, répète-t-il avec une mimique médiévale.

– Ouaah…, fait-elle. Pour moi, le tremblement de terre, c'est comme l'amour. Très sexuel. Le plancher qui vibre, quel plaisir… Ce gouffre qui va m'aspirer dans sa matrice, ça me fascine. Un mec, c'est pas grand-chose à côté. (Elle hésite…) D'ailleurs, tout est mieux qu'un mec. Je suis lesbienne. Big Mamma, elle mettra des heures à me faire jouir. Les mouvements de la terre et de la mer, c'est une affaire de femmes. D'ailleurs, les hommes ne survivront pas. Tiens, si c'est pour demain, tu me donnes une idée, Gingles. Demain, j'irai m'asseoir avec les copines sur la faille de San Andreas. Et si tu ne m'as pas menti, je serai la première servie. Tu vas en crever de jalousie, pauvre clown.

Elle s'éloigne en marche arrière sur les roues de plastique jaune de ses patins.

Un vieillard en costume colonial est calé dans une voiture à pédales. Sur son engin, une inscription : « Association des Confrères du Paradis ». Il est vieux comme Venice. Depuis qu'il s'est retiré à l'hôtel Cadillac, il fait, plus que jamais, partie des institutions locales. Assis des après-midi entiers derrière la vitre de la maison de retraite, il a perdu autant de souvenirs que l'océan a englouti de soleils. Mille fois, sur la toile du jour couchant, il a refait sa vie. Ce soir il vend des hot-dogs sur le front de mer.

– Je n'ai peur de rien, surtout pas d'un tremblement de terre. Regardez ces jeunes : ils ne savent que boire, s'amuser et se droguer. Il faut toujours penser " positif " si on veut se faire une belle vie.

En plein milieu de la promenade, devant un lit de camp couvert d'un drap léopard, un gourou blond, armé de deux baguettes, recrute ses clients :

– Venez vous faire dénouer les muscles, venez réapprendre à vous faire toucher. Dans notre monde urbain, on ne peut plus vous frôler sans demander pardon.

Une petite fille aux cheveux bouclés s'avance. Délaçant ses patins, elle se jette sur le ventre et retrousse son tee-shirt. Les baguettes du masseur rebondissent sur son dos comme sur un vibraphone. L'enfant pousse de petites plaintes de plaisir...

Sur l'un des bancs, au bord du sable, Kalid attend. Il est musulman, il est noir, il a vingt-six ans. Il enseigne les arts martiaux à Venice. Il économise chacun de ses gestes et transmet sous forme de parabole la leçon de son maître bouddhiste :

Ainsi là-haut, de même ici-bas.
Ainsi dehors, de même dedans...

Serein, il attend que toutes les particules humaines défilant sous ses yeux se rassemblent dans le « Grand Tout ». Ouvrant à peine les lèvres, il explique, magistral :

– Confusion et changement commencent en soi puis se propagent à l'extérieur. Le tremblement de terre, c'est la confirmation sur le plan physique du grand désordre de la conscience moderne. La Californie a un surplus d'énergies mal canalisées. Ces patineurs qui se catapultent les uns contre les autres, ce sont les continents qui cherchent à se stabiliser. Venice, c'est la grande secousse.

Kalid désigne des yeux la fête sismique qui enfle. Il baisse à peine son cou altier. Il ne bougerait pas si dans un grand tremblement toutes ces énergies fracassaient les devantures d'océan. Il dirait tout au plus :

« Mon heure est venue. (Il rectifierait.) Ce n'est pas grave, la mort n'existe pas. »

Big Mamma est une des divinités les plus cajolées de la mythologie californienne. C'est à ce trait de leur nature géologique que les Californiens attribuent leur identité instable et leur hésitation culturelle. Ne sont-ils pas assis à demi sur la plate-forme pacifique et à demi sur le plateau nord-américain ?

Ce mythe de Big Mamma, comme tant d'autres, ils l'intègrent à leur quotidienneté. Finalement, c'est moins une déesse peut-être qu'un esprit, présent dans leur psyché de tous les jours. Elle est la justification quasiment terrienne de leur goût du vivre au présent.

La relation à Big Mamma, chacun des personnages californiens la vit comme un prétexte pour se bâtir un caractère propre. Gingles l'espère comme une chevauchée psychédélique et justicière, sa douce marquise comme une revanche de son sexe. Kalid l'interprète comme un signe de l'au-delà, le soupir de la terre exaspérée par l'irrespect des hommes. En somme, chacun ici croit à Big Mamma comme on croit à l'océan, comme une tribu primitive croirait à l'âme d'une statue de pierre.

On n'a pas vraiment peur de Big Mamma. On la vénère, les yeux ouverts, comme un formidable réalité.

San Francisco est plutôt calme ce matin. Je n'entends pas, comme à l'accoutumée, les plaintes animales de la corne de brume perchée sur la colline. Pas de cargos d'Asie dans la passe. Les goélands planent au-dessus de la dernière nappe de brume accrochée à la flèche nord du Golden Gate Bridge. A ma droite, l'océan Pacifique. A gauche, la crête des tours du quartier des affaires, inondées de lumière. Les lourdes barges traînent dans l'ombre du port : le bac vieux style charrie les salariés vers leur travail.

La voix courtoise m'avait déclaré au téléphone : « Oui, c'est pour demain, ça commencera à neuf heures au poste de commandement de Turk Street. Mais arrivez à l'avance : il y aura du monde. »

Avant de partir, j'ai écouté la radio. A sept heures quarante, comme prévu, la voix calme du maire de San Francisco a annoncé : « Ce matin, 18 avril, à cinq heures douze, heure locale, un tremblement de terre d'une amplitude huit sur l'échelle de Richter a frappé la ville. Je proclame l'état d'urgence. » En dépit de son extrême violence, la secousse de ce matin n'a réveillé personne.

En un an, cinq tremblements de terre dans la région. C'est beaucoup, signe certain d'une activité accrue le long de la faille de San Andreas. La grande secousse menace, mais les experts hésitent : dans vingt ans, dans deux mois, demain. On ne sait pas. Le tremblement de terre du 18 avril 1906 avait rasé la ville. Depuis, on avait un peu oublié, on ne voulait pas y penser. Alarmé par la menace d'une catastrophe imminente, le maire a décidé d'agir, aujourd'hui 18 avril 1980, en commémoration du tremblement de terre de 1906. On va faire semblant, toute la journée, avec de vrais pompiers, de vrais hélicoptères et beaucoup de faux blessés.

J'ai du mal à trouver le lieu de rendez-vous dans le dédale des ruelles qui grimpent et dévalent les vingt collines de San Francisco. « Ce n'est pas très loin de Chinatown », m'avait dit la voix au téléphone. Le poste de commandement a une allure de fête. A côté de leurs voitures briquées pour l'occasion, des pompiers chahutent sous la grande échelle. Dans une ambulance de la Croix-Rouge, un infirmier obèse et débonnaire sert du café et des « donuts » couverts de sucre aux cameramen débraillés. Je me présente à l'attachée de presse, la soixantaine passée, tailleur bleu sobre, soigneusement maquillée mais sans excès. Une

20

élégante, un dimanche de juin, aux courses de Longchamp. Elle est fébrile mais courtoise.

– Belle journée, n'est-ce pas ? Faites-vous servir un café par l'ambulancier. Le maire n'arrive pas avant dix heures. (Elle poursuit, fouillant dans son faux sac Vuitton :) A la suite du tremblement de terre de ce matin, cinq mille bâtiments sont en feu. Un pont de deux mille quatre cents tonnes s'est écrasé sur l'autoroute. Un million de personnes sont captives dans la ville. Les lignes téléphoniques sont surchargées. On a décidé d'accorder la priorité aux hôpitaux. Le centre de rassemblement des blessés se trouve au parc central : c'est le seul endroit de la ville où les cent quarante hélicoptères peuvent se poser. Ah ! voici justement le professeur Johnson, dit-elle en changeant de ton. Je vous laisse. A tout à l'heure, cher monsieur.

Je pénètre en baissant la tête dans la petite salle de commandement. Pas vraiment l'atmosphère d'un sous-marin en détresse. Des dames très affables boivent du mauvais café dans des gobelets de carton marqués au sigle de la Croix-Rouge. Elles sourient timidement aux pompiers. Le professeur Johnson, barbe blanche bien taillée, répond aux questions de jeunes filles graves. Il a l'air ravi. Je l'entends dire : « En 1906, ils avaient des chevaux, c'était plus facile pour circuler dans les rues en ruine. »

Neuf heures cinquante-huit. Les sirènes des motards annoncent l'arrivées du maire. Les cameramen se ruent vers les grilles. Accueilli par le professeur Johnson, le maire pénètre dans l'enceinte du bâtiment carré. Allure martiale, treillis bleu bien coupé et rangers de luxe. Au poignet droit, un bracelet sobre. Jovial, le maire, ce matin. Grand geste cordial aux pompiers et aux journalistes. Des dents de star.

– Étrange, murmure une journaliste à mes côtés, c'est la première fois que je vois le maire ainsi vêtu.

Depuis mai 1979, depuis que 30 % de l'électorat est composé

d'homosexuels, le maire de San Francisco est une femme : Diane Feinstein.

Le commandant des pompiers la félicite pour sa tenue.

– Merci, dit-elle, mais on ne m'a trouvé que cette taille, du trente-trois. C'est trop serré... Quelle est la situation Commandant ? demande-t-elle.

– Tout se passe bien, Diane, dit-il, nos unités ont maîtrisé l'incendie de l'hôtel Hilton, et nous travaillons en ce moment à déblayer le glissement de terrain de l'université de San Francisco. Nous ne savons pas encore combien de victimes sont ensevelies.

Nous redescendons dans la cour où des bénévoles ont improvisé une estrade. Le maire prend la parole :

– Il est grand temps de nous préparer. Il est important que les habitants de cette ville soient conscients de la menace et que nous soyons en mesure d'y faire face. Si le tremblement de terre de 1906 se reproduisait aujourd'hui, il y aurait dix mille morts.

L'attachée de presse lui tend un message.

« On nous annonce, reprend le maire, que le General Hospital commence le triage de deux cents blessés. Allons-y immédiatement...

Une journaliste lève le bras.

– Une question, Diane Feinstein. Que se passerait-il si vous étiez tuée dans le tremblement de terre ?

Elle hésite à peine :

– Phil Day, mon assistant, prendrait immédiatement le relais.

Ça ricane au dernier rang.

Nous montons dans le car mis à la disposition de la presse. Nous pénétrons bientôt dans la cour centrale du General Hospital. Beaucoup de monde aux fenêtres, des cuisiniers coiffés de toques, des patients valides en pyjamas, l'air indifférent. A gauche, sur la grande pelouse, une bonne centaine de corps sont allongés dans des positions variées. De loin, l'aspect d'un parc surpeuplé un dimanche d'été. Deux cents blessés graves. Tous des volontaires. En me rapprochant du cortège officiel, j'ai beaucoup de mal à contenir une forte nausée. Fractures ouvertes, cages thoraciques défoncées, visages atrocement brûlés, membres mutilés ruisselants de sang et couverts de bandages, de compresses. La plupart gémissent. Un adolescent hagard, la chemise déchirée et le regard figé, me demande d'une voix d'outre-tombe :

– Tu n'as pas vu mon frère ?

Je lui dis non, surpris. Il ne réagit pas et disparaît dans la meute des infirmiers, comme un automate débranché.

– A l'aide ! hurle un pauvre bougre au visage tuméfié, à l'aide, je ne peux pas respirer.

Il est torse nu, les os de ses côtes percent sa chair mauve. Un infirmier inscrit le chiffre 1 sur son front, à l'aide d'un crayon gras. Nerveusement, il m'explique :

– Première urgence. Il doit être traité en priorité.

Des filles, jolies, se tordent de douleur sur des civières. J'aborde en frissonnant le gros infirmier à la mine réjouie. Sa blouse dégrafée est couverte de sang. Il tient un vaporisateur contenant un liquide rouge. Sans égards, il asperge le visage d'une blonde venue lui demander ce qu'elle devait faire. Elle a oublié son texte.

– Retourne t'allonger, lui dit-il brutalement, tu as le bras arraché et tu as perdu ton enfant.

– Beau travail, dis-je. C'est vraiment très impressionnant.

Son rictus fait apparaître trois dents d'or.

– Oui, on a essayé d'être réaliste, me répond-il, satisfait.

Des os d'animaux pour les fractures ouvertes. Des organes aussi, des tripes, des reins, des foies.

Je ne suis pas mécontent d'avoir parlé à quelqu'un de bien portant. Un adolescent, les yeux fermés, nous bouscule avec des gestes hystériques. Il est coursé par deux pompiers essoufflés qui ne rigolent pas du tout.

Le maire s'est agenouillé au chevet d'une grosse fille qui halète. Elle a un ventre énorme. Un infirmier noir dont on ne distingue pas le visage est accroupi à ses côtés. On ne voit pas ses mains : elles s'agitent sous une serviette blanche posée sur le ventre de la fille.

— Elle va accoucher maintenant, dit l'infirmier au maire sans relever les yeux.

La grosse fille est secouée de spasmes. Elle transpire. Avec grande précaution, il fait naître une poupée nue en celluloïd de sexe féminin.

— C'est une fille, dit le maire, ravi. Bravo. Comment allez-vous l'appeler ? dit-elle en posant sa main sur le front moite de la jeune maman.

— Diane, répond l'infirmier, goguenard.

Sur la pelouse, en plein soleil, la maman prend la fausse Diane dans ses bras. Son visage est serein. Elle a bien joué son rôle.

De l'autre côté de la pelouse, on entend un hurlement de bête traquée. Quelques grands blessés, intrigués, ont un peu relevé la tête, pour voir. Je reconnais l'adolescent hystérique qui nous a bousculés plus tôt. Acculé contre un parapet de brique, il est cerné par quatre pompiers décidés.

— Ah, ils ont enfin réussi à le capturer, dit l'attachée de presse. (Elle retire ses lunettes de soleil et ajoute :) Ils ont un léger retard sur le script.

Nous regagnons le car. Le photographe roux derrière lequel je suis assis me raconte dans un français précieux le match de football du mois dernier, qui opposa la police à l'équipe d'homosexuels de San Francisco.

– La police a perdu. Neuf à cinq. Ils ont très bien joué, les autres, précise-t-il sans sourire.

Nous arrivons au parc central, le point de rassemblement des blessés. Le vrombissement des hélicoptères nous interrompt. A contre-jour, ils se posent sans couper les moteurs.

En me retournant, je vois des journalistes se presser autour d'un géant décoré. Sur la pochette gauche de sa chemise, je lis : « Major General Schobert, California National Guard ». L'air plutôt rigide, la doublure sans éclat du guerrier missionnaire de la race blanche, arborant le chapeau à larges bords de la cavalerie nordiste, marchant d'un pas enlevé dans les rizières en feu du Vietnam. Une vision de Francis Ford Coppola sur fond musical de Richard Wagner.

– Nous disposons aujourd'hui de cent quarante hélicoptères. Des gros porteurs. Et deux mille hommes bien entraînés de la garde nationale.

Pour l'instant, quinze hélicoptères sur le terrain. Un sergent basané, harnaché dans sa tenue de vol, fait un salut réglementaire à Diane. Il lui tend une veste matelassée et une bouée de sauvetage avec un clin d'œil d'acteur texan. Diane s'est retournée vers les journalistes et leur a crié :

– Jusqu'à présent, le tremblement de terre a bien voulu attendre. Espérons qu'il nous laissera le temps d'une autre répétition.

Équipée, le cheveu au vent des pales, elle se dirige très droite vers la poussière des appareils.

Les cinéastes à bout de pellicule trottinent dans son sillage. Elle marche vite, la première dame de San Francisco ! Moteurs à fond, les quinze hélicoptères quittent la terre au même moment dans un vacarme sans musique. La foule décoiffée applaudit.

– C'est le dernier jour de Saigon, me dit un photographe d'excellente humeur.

Une manière de dominer votre peur
Consiste à ne pas vous laisser intimider
Par l'effrayante pensée
Qui vous fait découvrir avec horreur
Qu'il se pourrait bien
Que vous soyez traumatisé
A la pensée terrifiante
Que vous êtes peut-être paranoïaque...

Anonyme,
autocollant sur une vitre arrière
de voiture (mars 1980).

Les manœuvres de San Francisco, au cours desquelles les Californiens répètent en vue de la grosse secousse, n'ont pas lieu qu'aux jours d'anniversaire. A l'Institut du tremblement de terre, au Département de physique de l'université de San Francisco, des enseignants de bonne volonté apprennent en chœur le B A BA de la sismologie, enseignée par Raymond Sullivan, un Britannique au sang froid, et Raymond Pestrong, un chaleureux monsieur, le premier à être né californien dans une famille d'émigrés polonais. Les codirecteurs de l'Institut sont bien placés pour parler. Ils ont tous deux construit la maison de leurs rêves sur une faille. Celle de San Andreas. « Géophysiciens, nous avons été sensibles à la beauté particulière du relief de cet endroit », ont-ils dit, penauds.

Depuis sa création en 1978, cent cinquante instituteurs de Californie du Nord ont déjà suivi les cours de sismologie dispensés par l'Institut. Là, une fois par semaine, on continue de se réunir. On s'applique consciencieusement, à l'aide de jeux variés, à comprendre et à démystifier les caprices de Big Mamma.

Puis chacun transmet le fruit de ces trente heures de cours aux enfants des écoles et des lycées de la région. Objectif du tandem

Sullivan et Pestrong : ajouter aux programmes scolaires californiens le « Tremblement de terre » comme matière non facultative.

– Entrez, venez vous mêler à nos réjouissances, me dit Sullivan.

– Voyons voir, dit Pestrong, si vous avez assimilé le principe du sismographe.

Sullivan se penche vers moi :

– Mardi dernier, nous avons demandé à chacun des participants de construire avec l'aide de leurs élèves un sismographe. Quelque chose de simple et d'astucieux.

Pestrong promène son regard entre les échafauds de fortune exhibés sur les pupitres. L'un de ces instruments retient son attention. Il se dirige vers les inventeurs. Le groupe d'instituteurs pousse de petits cris admiratifs.

– Comment marche cette merveille ? demande Pestrong.

Très fier, le porte-parole du groupe se lève :

– Nous avons retiré les poissons de l'aquarium de notre salle de classe. Puis, sur l'eau, nous avons posé une plaquette de bois aimantée. Sur la plaquette, une feuille de papier. Le stylo pendu à cette potence miniature servira à tracer la courbe des vibrations sismiques.

– Intéressant, commente Sullivan.

Au premier rang, la dame enceinte qui tricotait a levé ses aiguilles vers le plafond :

– Moi, j'étais en train de faire la cuisine quand l'idée d'un sismographe m'est venue. Sur la table de ma cuisine, sur un plateau, j'ai posé une feuille blanche. Perçant le fond d'une boîte de petits pois, j'ai bouché le trou avec un coton imbibé d'encre. Regardez, dit-elle en secouant la table. Quand la terre tremble, la boîte se met à bouger et le coton dessine une forme sur la feuille.

À la récréation, tandis que nous trinquions à la clémence sismique avec du vin blanc trop sucré, les instituteurs ont bien voulu répondre à nos questions.

Nous leur avons demandé s'ils avaient moins peur depuis qu'ils en savaient plus.

— Oui, oui, ont-ils répondu, avoir peur ensemble, c'est déjà avoir moins peur.

Soudain, un instituteur, le regard illuminé, s'est levé. Il a posé ses poings sur le pupitre.

— Rien, pas même l'explication scientifique la plus convaincante, ne peut éliminer la fascination qu'exerce le tremblement de terre sur les civilisés que nous sommes. Être à la merci totale des événements, chevaucher le dos de la terre, avoir perdu tout contrôle… C'est très excitant.

Plusieurs autres ont approuvé, en hochant la tête. Pestrong et Sullivan aussi.

Dans une école typique de la banlieue sud de San Francisco, le lendemain, j'assiste aux travaux pratiques du séminaire de la veille.

Autour d'une grande table ovale, une vingtaine d'enfants répondent aux questions d'une petite fille noire, Kimberly :

— Qu'est-ce qu'une faille ?

Le groupe entier lève la main. Arbitraire, Kimberly interpelle :

— Tommy ?

La réponse de Tommy fuse :

— C'est la démarcation entre deux plates-formes continentales.

— Tu as de la chance d'être tombé sur cette question, lui dit son voisin. C'est la plus facile.

– Que faites-vous si la terre se met à trembler et que vous êtes en voiture ?

– Je m'arrête. J'éteins mon moteur. Je reste à l'intérieur.

Tina a répondu juste. « Ouf », soupire-t-elle, tenant à la main la carte verte que la meneuse de jeu lui a remise.

Tina m'initie au jeu : « Une réponse juste, une carte verte. Une réponse fausse, une carte rouge. On perd au Bingo Quake si à l'arrivée on a une carte rouge en main. »

« Je ne comprends vraiment pas comment elle fait. Ses prophéties sont d'une précision étonnante. Jamais elle ne se trompe. Clarissa annonce l'heure, le lieu et l'amplitude exactes, avec parfois un mois d'avance... »

Le professeur Sullivan avait levé les bras au plafond dans un geste de totale impuissance. Je relis l'épaisse documentation. Pas de doute, le personnage est d'envergure. Douze prophéties sans la moindre erreur. Une vision apocalyptique de la Californie en l'an 2000. En fouillant dans la bibliographie, je découvre qu'elle a d'autres pouvoirs. En transe, elle se met en contact avec des personnes disparues. Elle a sauvé la vie du président Gerald Ford. Elle a découvert du pétrole en Arizona et de l'or en Californie. J'ai pris rendez-vous avec Clarissa Bernhardt, chez elle, à Monterey, en Californie centrale.

Sa maison n'est pas loin, au 173 de la 9e Rue. Je gravis les quelques marches du perron au-delà d'un portail grinçant. La porte d'entrée est grande ouverte. Dans les pièces voisines, des voix. Je reste un moment dans l'embrasure, inquiet.

– Il y a quelqu'un ? dis-je en passant la tête.

Un pas dans l'escalier ; régulier. Une femme, la quarantaine, cheveux blonds et frisés, revêtue d'un long déshabillé pâle, apparaît. Elle me guide vers la baie vitrée.

– Prenez place, je vous prie.

Elle disparaît dans la cuisine. J'y entends des voix de nouveau. Quelques minutes s'écoulent. Elle revient, s'assied en face de moi, sourit. Je m'attendais à trouver un personnage au regard illuminé et au geste théâtral, une diva... J'ai devant moi une poupée bouclée. J'aurais pu aussi bien la croiser dans un supermarché de la ville, des bigoudis sur le crâne et des visions en plastique rose plein son chariot... Cela me rassure.

– Que puis-je faire pour vous, susurre-t-elle.

Je lui rappelle la raison de ma visite, et m'émerveille sur ses talents.

« En effet mes douze prévisions sur le tremblement de terre se sont révélées exactes, à la minute près. Elles sont toutes homologuées, répond-elle, modeste.

– Mais Clarissa, comment faites-vous ?

– Ça peut m'arriver à n'importe quelle heure du jour ou de la nuit. Je commence par éprouver une sensation étrange, comme si j'étais en contact avec un autre monde, un monde distant. Un peu comme lorsqu'on décroche le téléphone et qu'on sait que c'est un appel venu de loin, ou encore lorsqu'on se branche sur une fréquence de radio à ondes courtes. Il y a du parasitage, puis les voix se précisent. Ensuite, mon écran de télévision mental s'allume. L'image est d'abord floue puis elle se clarifie. Sur l'écran apparaît un calendrier. Comme si mon œil était un téléobjectif, je vois soudain écrit en gros la date et l'heure du séisme. Dessous, comme un sous-titre, sont inscrits les mots : tremblement de terre...

« Quelquefois, ce n'est pas aussi évident, ajoute-t-elle. Il me faut demander, poser la question, insister même pour obtenir une information complémentaire. Les yeux fermés, à voix basse, j'interroge : " Pourriez-vous m'indiquer l'amplitude de la secousse, le nombre de morts et de blessés ? " La voix ne répond pas immédiatement, mais elle répond toujours.

– Cette voix, pouvez-vous la décrire ?

– Oui, c'est très souvent la même. Une voix neutre. Plutôt une voix d'homme.

Un homme entre dans la pièce. Un visage de bébé triste perché sur une démarche un peu gauche. Des yeux noirs, vifs.

– Je vous présente mon mari, Richard.

Je reprends :

– Clarissa, avez-vous connu un tremblement de terre de forte amplitude en Californie ?

– Oui, et cela m'a confirmé mes dons. J'habitais à Los Angeles en février 1971. Le tremblement de terre de San Fernando Valley, celui qui a tué soixante personnes. La veille, j'ai pu sentir dans l'atmosphère des signes précurseurs. La lumière surtout, angoissante. Une absence totale de brise. Une odeur particulière. J'en ai eu la prémonition : j'ai rangé la maison et mis à l'abri les objets fragiles. Pendant la nuit avant le tremblement de terre, je me suis réveillée : la terre gémissait comme un animal blessé. J'ai compris que c'était pour bientôt. J'ai eu très peur, une espèce d'angoisse, quelque chose d'énorme et d'incontrôlable. Mes cheveux se sont dressés sur ma tête. J'y ai vu un signe du diable.

– L'exactitude de vos prophéties est remarquable. Comment sera le relief de la côte californienne, après le grand séisme ?

– Je ne partage que partiellement les visions apocalyptiques de mes confrères. Celles d'Edgar Cayce, notre grand prophète, du début du siècle, qu'on a comparé à votre compatriote Nostradamus, par exemple. Il a prédit que la terre allait exploser en 1982 quand les planètes s'aligneraient, exerçant l'une sur l'autre une attraction irrésistible. Je pose régulièrement la question et on me communique toujours la même information.

31

– Qui ça « on » ?

– La voix.

– Que vous dit-elle exactement cette voix ?

– Elle me dit qu'en 2025 Los Angeles et San Diego, les deux métropoles de la Californie méridionale, deviendront des îles séparées du continent. Le Pacifique inondera l'Imperial Valley, cet immense verger d'agrumes à l'intérieur de la Californie. La ville de Phoenix en Arizona, aujourd'hui capitale du désert, deviendra une station balnéaire.

– Clarissa, vous parliez de la voix, tout à l'heure. C'était une voix d'homme, disiez-vous.

– Oui. Souvent.

– Souvent?

Elle semble gênée. Je n'insiste pas, faisant semblant de prendre quelques notes sur mon carnet. Elle inspire profondément. Elle a soudain l'air très frêle. Je ne relève pas immédiatement la tête. J'ai peur de l'avoir brusquée. Tout doucement, elle reprend :

– J'ai été mariée pendant neuf ans. Mon premier mari est mort. Il s'appelait Frederick Bernhardt.

J'ai rapproché ma chaise, car elle a baissé la voix.

« Il était lié par son père à la grande comédienne française Sarah Bernhardt. Vous connaissez ?

– Pas personnellement...

Je ricane nerveusement. Elle sourit à peine :

– Moi ! oui !

Je ne ris plus du tout. Je me suis redressé d'un seul coup sur ma chaise. J'ai les joues en feu.

« Sarah m'a beaucoup aidée et encouragée dans mes visions. Souvent, aujourd'hui encore, elle me rend visite.

– Je ne comprends pas bien, Clarissa.

J'ai adopté le ton compatissant d'un ami fidèle de longue date.

– Du temps de mon premier mari, j'ai fait une prophétie

32

de tremblement de terre qui m'a rendue célèbre. La prophétie de Thanksgiving, vous savez, la fête américaine d'octobre, le jour de la dinde et de la tarte au potiron.

– En commémoration des pionniers ?

– Oui, c'est ça... Un mois avant, je faisais une émission à la radio. Tout d'un coup, Sarah Bernhardt m'est apparue dans son costume de scène.

Clarissa tripote une petite boîte marron que son mari, discrètement, a posée sur ses genoux.

« Elle portait une toge pourpre. Elle était radieuse. Elle tenait au-dessus de sa tête, à bout de bras, un plat d'argent.

– Un plat d'argent ?

– Oui, le plat sur lequel était posée la dinde de Thanksgiving. Tout à coup, le plateau s'est mis à vibrer entre ses mains. J'ai compris que le tremblement de terre aurait lieu le jour de Thanksgiving. Je l'ai annoncé à la radio.

– Et la dinde est tombée du plat ?

– Non, dit-elle dans un grand rire. C'était un petit tremblement de terre.

– Mais Sarah Bernhardt ne vous a pas parlé ce jour-là ?

– Non, pas cette fois. (Elle hésite, fragile de nouveau.) Je n'ose pas vous l'avouer. J'ai peur qu'on m'accuse de vanité.

Je baisse les yeux.

« Elle m'a dit, reprend-elle en évitant de me regarder, vous serez au monde des " psychic [1] " ce que j'ai été au théâtre. J'ai mis beaucoup de temps à révéler cette vision à mon premier mari. Depuis, Sarah me rend visite fréquemment. Chaque fois que son visage s'éclaire sur mon écran mental, je sais qu'elle va me transmettre un message. Elle m'a répété à plusieurs reprises que je pouvais lui faire confiance. Cela m'a beaucoup réconfortée. A cette époque de ma vie, j'avais vraiment besoin de son aide...

1. Psychic : médium.

« Les tremblements de terre sont la manifestation d'une réaction de la terre au comportement des hommes. Ce sont les grandes émotions de la planète. La terre vit. Elle réagit. Nous émettons des ondes d'énergie qui affectent les couches les plus profondes de l'univers. Ainsi, quand le shah d'Iran a quitté le territoire américain pour se faire soigner à Panama, il y a eu une secousse sismique dans ce pays. Quand George Moscone, le maire de San Francisco, a été assassiné, le 27 novembre 1978, la terre a tremblé en Californie du Nord. De même au Guyana, après le suicide collectif des disciples du Temple du peuple de Jim Jones.

Elle tourne la tête, regarde longuement la ruelle vide. Au-delà, l'océan est en paix. Les phoques aboient sur les rochers. Clarissa ouvre le petit écrin posé sur ses genoux, celui qu'elle tripotait depuis un moment.

« Je voudrais vous remettre ceci, me dit-elle. Cette médaille ronde vous protégera contre les tremblements de terre.

Je me suis rapproché pour prendre la médaille. Sur le côté face, la terre stylisée en forme de cœur entourée de deux ailes. Sur le côté pile, cette inscription : « Pour prévenir un tremblement de terre, envoyez un message d'amour à la planète. » C'est signé : Clarissa Bernhardt, « The Earthquake Lady ».

Dans l'écrin se cachait un papier plié. Pudique, je l'ai lu plus tard, dans la rue. Il disait : « Les ailes de cette médaille symbolisent la puissance de l'amour et nous protègent des vibrations de l'univers. Joignez-vous à moi, cette médaille vous rappellera votre union à la terre, notre mère. Pour éviter un cataclysme sismique, il nous faut méditer à neuf heures le soir : trois jours avant la pleine lune. De tout mon cœur, je souhaite que vos secousses personnelles soient bénignes. Avec toute ma tendresse, pour vous et pour notre bien-aimée planète Terre. Signée : Clarissa Bernhardt. » Le point du « i » de Clarissa est un pétale de fleur...

Un cafard, en Californie, peut vous sauver la vie. Surtout s'il est diplômé du prestigieux « Geological Laboratory » de Menlo Park, près de San Francisco ; il fera certainement l'affaire ; un professionnel hautement qualifié.

Ruth Simon, la petite dame méticuleuse du laboratoire de Menlo Park, a une affection toute particulière pour le cafard californien. Un insecte pas comme les autres. Son nom : *Periplaneta Americana*. Il est robuste, fidèle : « Cool. » Elle fut un peu déçue par ses expériences antérieures. Elle utilisait des grillons.

– Je les aime bien, dit-elle, mais ils sont trop contemplatifs. Ils aiment se promener dans l'ombre des feuilles. Le cafard, lui, est moins sensible aux attraits du décor. Il a les pattes bien sur terre et il sait faire la part des choses : l'approche d'une tempête et la menace d'un tremblement de terre.

« Ce n'est pas un débutant non plus, poursuit Ruth, il n'est pas né de la dernière pluie, ça fait deux cent cinquante millions d'années qu'il traîne ses antennes à la surface du globe. Il a des références.

Mme Ruth Simon apprécie cet aspect de son caractère : sa sagesse de patriarche.

Ses cafards sont bien soignés, même plutôt gâtés bien que peu exigeants. Des besoins simples. L'espion des failles peut se passer d'alimentation et même d'eau pendant plusieurs mois. Pas vraiment esthétique. Ascétique, oui. Ruth les recrute avec précaution. Ils doivent être grands : les candidats sérieux mesurent près de deux centimètres. Californiens de souche, donc formés de père en fils aux tremblements de terre ; et surtout, ils doivent être célibataires.

– Un jour, raconte-t-elle, j'ai eu beaucoup de difficultés à interpréter les données de l'ordinateur ; leur geôlier. L'appareil électronique enregistrait une activité tout à fait suspecte, même pendant la journée, alors que le cafard est un noctambule notoire. Intriguée, j'ai vérifié les boîtes. Une femelle (regrettable erreur du laboratoire) vivait parmi les mâles. Elle fut exilée sur-le-champ.

Les cafards aventuriers des sous-sols instables, répartis en deux équipes de quatre, sont placés dans deux boîtes, tout contre la faille de San Andreas, l'impitoyable. Ils y vivent, la plupart du temps, une vie paisible, quasi méditative.

Une autre colonie de quatre séjourne au Texas, à l'écart de toute vibration sismique.

« De cette manière, déclare leur maîtresse, je peux établir des comparaisons de comportements entre les Californiens et leurs cousins. Chaque fois, ils nous préviennent en déployant une activité accrue à l'approche d'un tremblement de terre. Ils réagissent trois jours ou quelques heures à l'avance, selon l'intensité de la secousse et la distance de l'épicentre. Mes collègues de l'université de Californie, à Los Angeles, font des recherches semblables en utilisant des souris. Sans vouloir dire du mal du professeur Lindberg, le responsable de ces expériences, je me permets de faire remarquer que le comportement de ses cobayes du sud est beaucoup plus ambigu. Leur système nerveux est trop semblable au nôtre.

En prenant congé de Ruth, je remarque dans le hall d'entrée une affichette signalant l'existence de la *hot line* : le téléphone rouge pour animaux. A tout moment, le citoyen de Californie peut alerter cette permanence. Le témoignage de son animal sera enregistré. J'ai téléphoné, j'ai obtenu une petite voix d'oiseau à l'autre bout du fil, celle de Pamela.

– Les appels sont fréquents, m'a-t-elle dit. Malheureusement, nous sommes presque toujours prévenus après le tremblement de terre.

J'ai insisté. Elle a bien voulu consulter ses fiches et m'a décrit quelques exemples retenus par l'ordinateur. Ainsi, l'histoire de cette dame de Berkeley qui ne voyait plus l'herbe de l'immense pelouse du parc central sur laquelle donnent ses fenêtres, depuis vingt ans.

« C'était noir d'oiseaux, des corbeaux par centaines rassemblés là, silencieux, recueillis. Elle avait appelé la veille de la secousse à l'est de San Francisco, celle qui fit trembler la centrale nucléaire de Livermore.

Il y a aussi le récit des pigeons voyageurs qui ne sont revenus que le lendemain, après le tremblement de terre de décembre dernier. L'éleveur leur fait accomplir quotidiennement un périple de trente kilomètres. Ils ne manquent jamais de se poser à domicile, après quarante-cinq minutes de vol...

Si vous habitez la région sismique de Nice, et si votre tortue que vous connaissez intimement se met, sans mobile apparent, à courir sur la pelouse de votre jardin, parlez-en à Pamela en appelant le 323.81.11. Ne pas omettre de composer le préfixe 415, pour la Californie du Nord.

La réaction de la tortue niçoise sera immédiatement codée sur la fiche IBM à côté de celle du lièvre névrosé.

Comme des milliers d'autres de la même confrérie, soucieux de protéger la planète, ils ont médité ce soir pour la paix du monde, pour le président des États-Unis, pour que tous les foyers explosifs de la planète s'éteignent maintenant à jamais. Pour conjurer les tremblements de terre, ils adressent à la terre leur vibrante compassion.

Près d'un bâton d'encens, dans la lumière tamisée, sur une moquette couleur de feuilles, ils ont tâtonné un moment avant de former un cercle un peu ovale, de poser leurs mains ouvertes sur les genoux, de tendre les paumes vers le ciel, de redresser le dos, de baisser les paupières...

Brisant à peine le rythme des souffles réguliers, une voix infiniment douce les a priés d'ouvrir leurs mains vers le centre, pour recevoir et offrir la terre.

Du fond d'une gorge d'abord puis de toutes unies, entre les lèvres arrondies comme une sphère, est montée une vibration : « OOOOOO... MMMM. » C'est le « ohm » ; son tibétain venu du cœur de l'être et du cœur de l'univers, confondus. Expression primale qui contient tous les sons. Vibration purifiante, dépouillée. L'accompagnement sonore de la méditation transcendantale.

— Il y a la paix dans le monde, maintenant.
— Il y a la paix dans le monde, maintenant.
— Concentrons-nous sur ce message...

Puis, de nouveau, la même vibration est montée.

Ils l'ont prononcée à leur rythme et ils l'ont modulée selon les tonalités de leur voix pendant une vingtaine de minutes. « OOOOO... MMMMM. » Ce son éternel doit panser la terre de ses blessures.

— Maintenant, plaçons nos mains sous la Terre, notre Mère, et portons-la très haut, très haut, là où brille cette lumière merveilleusement limpide. Rendons-la à Dieu, à qui elle appartient... OOOOOO... MMMMM.

Un à un, les regards se sont rallumés, comme après une douloureuse maladie. Ils se sont souri les uns aux autres, ont échangé des regards de gratitude et ont balbutié :

— Merci d'avoir partagé votre méditation avec nous.

Ils rassemblent tous les morceaux désunis de l'univers. Ils entendent la terre craquer un peu. Un soupir de gratitude, puis le silence... et la continuité.

Dans le cercle encore parfait, un garçon aux boucles d'ange en regarde fixement un autre. Il est secoué de spasmes :

– I am stoned on God, dit-il.

Il ne fume plus de marijuana depuis deux ans.

« Dieu, dit-il entre deux spasmes, est une bien meilleure défonce.

Edouard

A ma fille. A ma mère.
A mon frère.

Je viens d'inscrire mon nom sur mon badge : *Approval Freak*
(Lèche-cul). Puis je l'ai épinglé bien droit sur ma chemise. Hier,
j'ai eu trente-huit ans.

Cette scène se déroule dans une vaste salle climatisée au
sous-sol de l'hôtel Miramar de Los Angeles, à quinze mètres des
rouleaux du Pacifique. D'ici, nous ne les entendons pas. Nous
sommes au troisième soir d'un séminaire intense de cinq jours : il
s'appelle *Insight* (Vision intérieure) et a été créé par John Rogers,
l'un des maîtres spirituels du Nouvel Âge californien. Cinq jours
de pleurs et de cris, de jeux et de confrontations à explorer mon
ego pour faire tomber mon masque et découvrir mon vrai visage
derrière les sourires empruntés. Nous sommes trente séminaristes bousculés par deux animateurs et trente assistants – un
assistant pour chaque séminariste –, un luxe psychothérapeutique.

L'exercice de ce soir commence par une lente phase de
préparation. Animateurs et assistants nous harcèlent... pour nous
aider à désigner par un nom pittoresque le masque que nous
portons en société. C'est long, c'est éprouvant, mais chacun a fini

41

par inscrire en lettres capitales sa vérité passe-partout sur un badge.

On plante maintenant un décor imaginaire : nous sommes dans une réception, une cocktail party sans boissons ni petits fours. Moi, « Lèche-cul », et tous les autres, « Papa-victime », « Tendre-muet », « Professeur-vérité », « Gourou-absent »...

Tout le monde est debout. Sans ordre, nous débitons tous ensemble, à voix haute, un texte spontané. Chacun le sien. En même temps.

Un texte que nous connaissons bien et depuis longtemps.

Les consignes sont strictes : interdiction absolue d'écouter l'autre. Moi je flatte, je tente de séduire pour obtenir ma pâture. Je suis le renard pas si rusé. Tous mes camarades deviennent des corbeaux aux oreilles bouchées. Cette « reconstitution » a duré plus de trois heures. Plutôt insolite, cocasse même au début.

Sans relâche, les assistants rôdent autour de nous. Ils bondissent à la moindre défaillance. J'ai bien failli gifler une délicieuse jeune fille, l'une des tigresses aux aguets, lorsqu'elle m'a répété pour la quatrième fois, sur le même ton détaché, qu'il me fallait continuer de parler sans écouter le délire de mes interlocuteurs.

Avant la fin, la plupart d'entre nous se sont effondrés, écœurés. Asphyxiés. Épuisés. Certains ont pleuré sur la moquette. Je souffre aussi. Je suis l'un d'eux. Alors un assistant est venu me masser les épaules avec tendresse, il m'a aidé à me relever mais pour me reconduire par la main au supplice.

Cruelle leçon sur le désert complaisant de mes mots creux.

La complaisance, je connaissais bien. J'en ai même fait mon métier. Mon père — et mon ami — m'y avait initié bien avant la puberté.

Nous étions intimes. Il m'appelait son « petit compagnon de voyage » lorsque j'avais huit ans et qu'il m'emmenait découvrir les abbayes romanes. Et puis, sans crier gare, des nuages d'orage sont venus tacher mon ciel d'enfant. Pour une raison inconnue, il y eut une coupure. Je me souviens : je ne comprenais pas. Je restais assis les genoux serrés sur les marches de l'escalier, figé, refusant de bouger, attendant que mon père consente à ouvrir la porte de sa chambre à coucher pour venir nouer sa cravate à pois devant le miroir du palier. Il arrivait enfin. Timide, je secouais les barreaux de la rampe. Mais il ne relevait plus la tête. Qu'avais-je fait ? A table maintenant, il me contrait devant ses amis. Gênés, ils ricanaient au bord de leurs longs verres d'alcool. Alors j'ai décidé de plaire, de séduire. J'ai enseveli tous mes poèmes de quatorze ans dans le secrétaire austère de mon père en espérant qu'il les verrait. En vain. Mon stylo neuf décapité devenait un outil veuf.

Né bourgeois, j'ai reçu ma première auto très tôt. Puis j'ai pas mal flâné. Je suis devenu un cadre habile. Vêtu de costumes légers, je suis parti vendre de la réclame sous les tropiques ; avec des sous-ministres, je truquais des graphiques vantant les mérites d'un Sahel desséché dans les pages publicitaires d'un journal économique français. Un jour, j'en ai eu assez de tricher.

En route pour la Californie. Je ne suis pas passé saluer la tombe de mon père. Il était mort une nuit de novembre dans mes bras. Salut, ami précieux. Je te dois aussi mon départ.

Les restes des Indiens reposent ici. Le nom de leur tribu est devenu celui du Centre psychothérapeutique pionnier de Californie : Esalen. A la fin des années cinquante, les premiers colons du Nouvel Âge se réunirent ici. Parmi eux, Abraham Maslow, Allan Watts, John Lilly, William Schutz, Ida Rolf et surtout Fritz

Pearls, fondateur de la « Gestalt », l'inventeur du slogan d'Esalen : « Ici et maintenant. » Une attitude clé du comportement californien. L'individu se confronte à ses émotions du moment présent.

Arriver de Paris à Esalen, c'est un peu se plonger dans une eau brûlante. Aussitôt, je fus saisi. Ici, impossible de finasser, d'attirer l'attention.

Il existe deux manières de vivre à Esalen. La première est celle des séminaristes. Ils viennent, contre une cotisation élevée, suivre un atelier de psychologie, participer à un groupe de rencontre, un week-end, une semaine, parfois un mois. Ce sont plutôt des touristes désireux de profiter d'un cadre splendide. La seconde manière est de se fondre dans la communauté, lui être utile, assurer les tâches quotidiennes. Huit heures par jour, quatre jours par semaine. Puis chacun fait ce qu'il veut. Flâner ou suivre un séminaire. Ce fut mon cas.

Dimanche 6 octobre. Il est dix-huit heures. Betty, l'animatrice responsable des nouveaux, nous accueille sans chaleur. A tâtons dans la nuit, elle nous conduit vers un bungalow au tatami encombré de coussins. Au centre, mêlés les uns aux autres, les anciens plaisantent entre eux. Betty demande aux nouveaux venus de former un cercle et de marcher lentement autour du groupe des anciens. « Jetez au centre vos convictions passées, vos préjugés. Demandez-vous pourquoi vous êtes venus vivre parmi nous. Vous allez commencer ici une nouvelle aventure. »

Le principe d'Esalen est de contempler pour agir mais surtout d'agir pour contempler. Je passai un mois, huit heures par jour, à faire la plonge pour cent quatre-vingts personnes. Un mois face au carrelage mouillé. Je pouvais, deux fois par jour, comme chacun d'entre nous, recourir au *Hot seat*, le siège chaud. M'asseoir sur un coussin à côté de Dick Price, le disciple de Fritz Pearls et l'actuel directeur d'Esalen, et explorer, avec son aide, tout le temps nécessaire, mes blocages du moment.

Je me sens heureux. Il doit être près de cinq heures de
l'après-midi. C'est la fin de l'après-midi. C'est la fin de mon
deuxième mois à Esalen. Derrière le Bouddha de pierre – chaque
matin l'équipe du jardin s'y recueille avant de commencer le
travail –, je lave à grande eau les tomates. En face, dans le sentier,
passe un séminariste : je ne le connais pas. Il semble un peu
hagard et porte sur le dos un lourd fardeau. Un baluchon : un drap
contenant deux énormes coussins. Intrigué, je l'interroge. Il me
répond en riant : « Je porte mes parents, je ne travaille pas
aujourd'hui, c'est mon exercice de la journée. Je prends conscience du poids qu'ils ont représenté dans ma vie. »

Je remplis mon panier de tomates. Près du réduit où nous
rangeons le soir nos outils de la journée, Patricia est allongée sur
le ventre. Elle pleure depuis une bonne vingtaine de minutes.
Parfois elle pousse un long cri de détresse. Personne ne s'occupe
d'elle. C'est la règle tacite à Esalen. A tout moment, chacun a la
permission de pleurer, de hurler, de rire. Patricia n'a pas
demandé qu'on vienne la consoler, elle a simplement choisi de
pleurer auprès de nous. On ne la dérange pas. Mon panier de
tomates est plein. Patricia paraît un peu calmée. Je m'approche,
lui tends la main. Elle la prend. Décoiffée, elle me suit. Sans
parler, nous remontons le chemin du jardin potager. Nous
passons devant John sans le regarder. Nu, courbé, les pieds
plantés dans la terre, il arrose les poireaux. Il fait encore chaud à
la fin de ce mois de novembre en Californie centrale. Nous
franchissons les ombres d'eucalyptus. Nos pas foulent l'herbe
touffue. Plus haut à gauche, près de la vaste tente indienne – un
tippie – où jouent des enfants, deux silhouettes féminines portent
des draps roulés. Elle marchent lentement, l'une derrière l'autre.
Un homme les suit ; il pousse une brouette de linge...

– Salut Mike.

– Salut Ed.

Mike lit un livre déchiré dans l'étroite guérite située en bas du chemin de terre. Il garde l'entrée. Esalen est fermé au public pendant la journée. A partir de vingt-deux heures, les habitants des alentours peuvent venir se baigner toute la nuit dans les sources chaudes, au bord de l'océan. Ils doivent repartir au lever du jour.

Nous débouchons, Patricia et moi, sur la terrasse de bois au bord de la piscine chauffée. Quelques personnes conversent. Un garçon, recouvert d'une tunique ample, danse seul… Un autre l'accompagne au rythme improvisé de la flûte. Plus bas à droite, vingt Américains de tous les âges, nus ou légèrement vêtus, pratiquent un exercice de Taï-Chi, gymnastique méditative aux mouvements ralentis. De la cabane « Huxley » où se réunissent les groupes de thérapie de la semaine, un hurlement anonyme transperce le silence. Un groupe de bioénergie probablement… Personne sur la terrasse ne semble s'en émouvoir. Patricia sourit à travers ses larmes.

Nous gravissons un monticule pour déboucher sur l'océan.

– Regarde, me dit Patricia, regarde.

Je me penche. Deux baleines flânent dans la crique. Chaque année, en novembre, elles descendent se reproduire dans les eaux mexicaines. Aujourd'hui, les phoques sont calmes. Une brise sèche les larmes de Patricia. Nous restons assis en silence sur le bord de la falaise. Au bout du sentier au-dessus des sources chaudes, allongés sur des tables de bois, des corps nus se font masser par d'autres corps nus, debout. Certains regardent passer un dirigeable surgi de la colline. Doucement, il longe la côte.

Il est plus de cinq heures : les équipes cessent le travail pour saluer ce soir nouveau. Le ciel devient fou d'ivresse. Les algues géantes passent à la nuit. Le soleil convoqué par le Japon quitte notre horizon.

Avant de mourir, les Monarques, papillons frénétiques de l'amour, bâclent leur ballet de vie.

Les jambes de Patricia, recouvertes de la terre de notre jardin, se balancent dans le vide. Elle a avancé son visage vers l'ouest.

– Edouard, me dit-elle songeuse, nous sommes les deux derniers Blancs du monde occidental.

– Ou les premiers, Patricia, à l'extrême début de cette piste.

Au-dessous les phoques s'effacent dans la pénombre.

Quelques mois plus tard, je décidai de m'inscrire au séminaire de « EST » (Ehrardt Seminar Training).

Créé à San Francisco en 1971 par Werner Ehrardt, EST est devenu en quelques années une entreprise multinationale prospère. C'est la plus spectaculaire réussite commerciale du « Mouvement du potentiel humain », né en Californie au début des années soixante. En 1980, EST a réalisé un chiffre d'affaires de vingt-quatre millions de dollars.

On a tout cité : hypnose, lavage de cerveau, zen à la chaîne, Gestalt, pour tenter de décrire l'influence de ces soixante heures de séminaire, réparties sur deux week-ends.

Quatre cent mille Américains ont déjà suivi le séminaire de EST. Aujourd'hui, l'attente est de quatre mois. Le tarif : quatre cents dollars (deux mille francs).

Les séminaires de EST pénètrent les murs des prisons. A Saint-Quentin, en Californie du Nord, les détenus sans menottes ont accès à une salle spéciale dont l'entrée est interdite aux gardiens armés. Des unités de police de la ville de Los Angeles ont suivi le séminaire. A San Francisco, des séances spécialement adaptées s'adressent à la communauté homosexuelle.

L'état-major de EST, regroupé au siège de San Francisco, se compose de technocrates illuminés. Recruté par Werner Ehrardt, Don Cox, l'actuel président de EST, fut d'abord professeur de finances à l'université Harvard avant de diriger la firme Coca-Cola. Don Cox évoque le dépaysement des cadres engagés par EST : il leur faut plusieurs mois pour s'adapter à l'efficacité de nos méthodes et accepter le langage direct dans les relations de travail.

Werner Ehrardt est le personnage de plus ambigu et le plus controversé du mouvement de l'expansion de la conscience. D'un côté, il abandonne femme et enfants. De l'autre, il se présente comme le champion de la responsabilité. Il est cité à la fois comme l'inventeur génial de EST et comme un maniaque de la philosophie zen, passant surtout son temps à discourir de la technique adéquate pour aligner des chaises.

En 1959, Jack Rosenberg change de nom. C'est une procédure facile aux États-Unis. Jack a lu un article consacré à Werner Heisenberg, le physicien, et au ministre des Finances de la République fédérale allemande, Ludwig Ehrardt. Dorénavant, il s'appelera Werner Ehrardt.

Il vit et travaille aujourd'hui dans une demeure victorienne du quartier élégant de San Francisco. Service et entretien sont assurés par des séminaristes volontaires : avocats et médecins en mal d'un frisson zen à mi-temps.

Avant de fonder EST, Werner Ehrardt animait des séminaires s'adressant aux équipes de vente des grandes entreprises. Ses collaborateurs de l'époque le dépeignent comme un animateur ayant l'exceptionnelle qualité de développer le talent de ceux qui l'entourent. Son équipe commerciale, à l'époque, se composait exclusivement de femmes. Une originalité il y a quinze ans. Werner estime que son passé dans les affaires a favorisé son ouverture vers l'illumination : le satori zen. « Tout est permis si les résultats sont probants », dit-il.

Werner a tout lu. Il a tout essayé. De l'hypnose au yoga. Il a expérimenté les hallucinogènes et les différentes psychothérapies de groupe. Un jour, sur l'autoroute qui longe la côte californienne, à l'heure où le soleil embrase l'horizon, il a découvert sa vérité. « J'eus la révélation du présent. Je sus que je n'avais plus à me justifier. Il me fallait vivre la plénitude de ce que je suis. »

Les douze animateurs des séminaires de EST sont initiés par Werner Ehrardt. Deux années de formation. « Je leur apprends à se détacher de leurs convictions. Pour arriver à l'absolu, il faut d'abord faire l'expérience du néant. » Un animateur à qui je posais la question me répondit : « Pendant deux années j'ai suivi Werner : je préparais son thé jusqu'à ce qu'il soit parfait ; alors seulement je reçus la permission de diriger mon premier séminaire. Car pour EST, préparer du thé ou animer un séminaire relèvent d'un même choix : celui de l'engagement total dans le présent. »

Werner se déplace dans son Cessna bimoteur. Lorsqu'on lui parle de sa réussite financière, il s'esclaffe : « Je suis riche, dit-il, j'assume ma fortune, elle n'est pas la cause de mon bonheur. Si EST un jour fait faillite, le temps sera venu pour moi de faire autre chose. »

Sur la plaque d'immatriculation de sa Mercedes blanche il a fait inscrire *So what* (Et alors)...

Werner estime enfin qu'avant l'an 2000 il aura initié quarante millions de séminaristes. Aujourd'hui, je suis l'un d'eux.

Je n'avais pas idée de ce que je faisais en remettant mon chèque de quatre cents dollars. Je savais seulement que je venais de choisir de faire ce séminaire. Je devais commencer le week-end suivant en arrivant samedi matin à sept heures pour les formalités d'inscription.

Premier acte : trente heures sur une chaise.

« Vous ne devez pas boire d'alcool.

Vous ne devez pas prendre de médicaments sauf ceux prescrits par votre médecin.

Vous ne devez ni manger ni boire pendant ces soixante heures sans en avoir reçu l'autorisation.

Vous ne devez pas parler à votre voisin.

Vous devez tendre le bras si vous souhaitez exprimer quelque chose au groupe.

Vous ne devez pas porter de montre.

Vous devez rester assis et suivre les instructions.

Vous ne devez pas raconter le contenu de ce séminaire. »

Debout sur l'estrade, les pieds joints, Ted, l'animateur, débite les consignes aux trois cent vingt chaises occupées...

Trois cent vingt personnes rassemblées pour une psychothérapie : dix fois plus qu'aucun autre groupe de rencontre. Mais il est vrai que Werner Ehrardt refuse d'attribuer un caractère thérapeutique à son séminaire. « C'est, dit-il, une *Awarences Experience* (expérience de prise de conscience). »

— J'ai froid, annonce quelqu'un.

D'autres approuvent. La réponse tombe comme un couperet :

— Dans cette salle, la température est de vingt-deux degrés, elle est constante. L'un des assistants a pour fonction de veiller au thermostat pendant toute la durée du séminaire.

Depuis combien d'heures suis-je assis sur cette chaise inconfortable ? Je ne le sais pas. Ma sciatique me fait à nouveau souffrir, la position assise m'est déconseillée. Je m'en veux de n'avoir pas suivi mon intuition de la veille : ne pas venir ce matin. Je n'ose pas capter l'attention de ce fou sanguinaire gesticulant sur l'estrade depuis la lecture des consignes. Ted nous a couverts d'injures dès qu'il eut terminé la lecture des dix commandements et répondu aux questions. Je suis rivé à ma chaise, en proie à une nausée.

– Vous êtes des automates, de pauvres automates rouillés, des fantoches... Vous ne voulez pas admettre que votre vie est un fiasco sordide... Vous êtes des singes... Des perroquets aphones... Vos belles théories sur la vie ne vous mènent nulle part... Vous êtes des irresponsables... Enfin, comprenez, bande de zombies, que vous êtes les victimes de vous-mêmes et pas des autres, victimes de vos préjugés, de vos convictions.

J'ai froid à mon tour ; je regarde autour de moi pour capter un regard, quelque chose d'humain. Mes compagnons sont mal à l'aise, crispés sur leur chaise. Plusieurs d'entre eux se cachent le visage dans les mains. En me retournant, je croise le regard de quelques-uns des assistants robots. Avec des gestes méticuleux, ils se passent parfois de mots pour communiquer. Les trois portes de la salle sont fermées. Sur deux d'entre elles il est inscrit en lettres capitales : « Ceci n'est pas une sortie. » Devant la troisième, un assistant monte la garde.

« Vous n'avez rien à faire, poursuit Ted, rien... Rien du tout. Vous pouvez même vous endormir sur vos chaises pendant soixante heures.

Je comprends maintenant que deux Japonais aient pu suivre avec enthousiasme ce séminaire... sans savoir un mot d'anglais.

Une femme tend le bras. Tremblante, elle se lève, au bord des larmes. Elle prend le micro :

– Mais pourquoi utilisez-vous ces termes humiliants ?

– Imbéciles ou spaghettis c'est pareil, pauvre abrutie. (Il poursuit :) Je vais me brancher en direct sur votre inconscient.

Je m'étonne que l'on puisse ainsi s'endormir sur une chaise, surtout dans ce vacarme. Beaucoup plus tard, je suis tiré de ma somnolence par l'hilarité générale à laquelle je me joins spontanément pour me détendre. Des assistants équipés de paniers d'osier circulent dans les travées. Ils confisquent toutes nos gâteries compensatrices. Bougon, je jette dans le panier mes pastilles mentholées pour l'haleine. Sur scène, Ted attend que le ramassage soit terminé et enchaîne :

« Ce séminaire ne va pas être de tout repos, vous allez avoir peur, vous allez vous sentir meurtris, dégoûtés, vous allez traverser toutes les affres de l'univers, vous allez être malades, pleurer… Vomir. Ce voyage autour de votre ego va durer soixante heures.

Puis le ton change. D'une voix calme, Ted annonce que nous pouvons éventuellement renoncer et quitter cette salle si nous le souhaitons. L'intégralité de nos frais d'inscription nous sera remboursée. Il termine en ajoutant :

« Personne ne vous en voudra. Dès que vous aurez franchi cette porte et rendu votre badge, aucun de vous ici ne se souviendra de vous.

Je reste. Leur technique m'intéresse. M'insulte-t-il moi, ou les autres ?

La chaise devient mon univers. Mon lit. Mon bureau. Ma voiture. J'ai essayé toutes les positions. J'ai ôté et remis mes baskets une bonne dizaine de fois. J'ai compté les chaises, les ai additionnées rangée par rangée, soustraites d'un total imaginaire et même empilées, quatre à quatre, le long des murs.

Irrité, je me rends compte que, jamais auparavant, je n'ai vécu tant d'heures assis sur une chaise, sans fumer, sans manger, sans lire, sans parler. Je ne peux que prendre la terrible décision de rester. Mais je veux aller jusqu'au bout. Ne pas fuir… Je suis extirpé de mes songes par les vociférations de Ted :

« Vous devez être responsable de tout ce qui se passe. Votre vie, c'est vous qui la choisissez à tout instant de son cours. Inclinez-vous devant l'évidence du présent. Assumez-vous...

Je me redresse sur ma chaise. Difficile pour moi d'accepter l'entière responsabilité des brimades de mon père, les violents caprices de ma mère, la responsabilité d'avoir inondé mes draps chaque nuit jusqu'à l'âge de douze ans. Je refuse, pour satisfaire cet énergumène américain bien coiffé, d'effacer mes opinions, mes justifications.. Et en échange de quoi ?

« Et maintenant, imaginez votre corps tel un vaste réceptacle de verre contenant un liquide orange, enchaîne la voix feutrée de Ted. Visualisez-le... La base de ce récipient est équipée d'un robinet hermétique... En expirant profondément ouvrez le robinet et laissez doucement s'échapper le liquide.

Je deviens une bonbonne de verre informe réglant, à l'aide du robinet, le débit du liquide orange s'écoulant sur la moquette propre. A la hauteur du cœur, ça ne passe plus. Rien à faire, le robinet est bouché. Je sens que je prends du retard sur les autres, ce qui amplifie mon désarroi. Un moment, je pense à ouvrir les yeux et puis me ravise, me souvenant que je vais me retrouver seul face à trois cents bonbonnes de liquide orangé. Plus tard, je raconterai mon aventure au micro. Quand j'aurai terminé, Ted me remerciera et j'irai me rasseoir, frustré. Il ne m'a fourni aucune explication.

Épuisés, nous abordions sans le savoir l'exercice de la vérité.

Après la pause du soir nous retrouverons une salle dont le décor a été modifié : dix rangées de trente chaises. Rangée par rangée, nous monterons sur l'estrade. Je suis dans la première rangée. Vingt minutes debout, les bras ballants, comme tous les autres. Mes jambes tremblent quand Ted commence :

– Restez en contact avec vos sentiments. Soyez authentiques, pour la première fois.

Une vingtaine d'assistants progressent vers nous en file

indienne. Ils plantent leurs regards vides dans nos yeux vulnérables. Ils se sont immobilisés à quelques millimètres.

A ma gauche, une femme s'effondre. Les assistants, sur un signe discret de Ted, l'abandonnent gisant sur l'estrade. Plus loin un homme de grande taille sanglote, la tête basse. Il hurle et tombe à la renverse contre le rideau de scène. Longtemps après, j'appris que des volontaires, dissimulés derrière la tenture, veillaient à amortir la chute des corps.

Il est lundi. Trois heures du matin. Trente heures de chaise. Tombée du rideau. Fin du premier acte.

Entracte : ma chaise dans le cosmos.

La séance du mercredi soir – entre les deux week-ends – est facultative. Elle dure trois heures. J'y suis.

Nous sommes tous allongés sur le dos. A même le sol. La voix de Ted est devenue mélodieuse, lente, claire.

– Vous allez maintenant effectuer un voyage cosmique aux confins de l'Univers... Vous survolez le hall de l'hôtel. Au-dessous, les clients entrent et sortent par la porte vitrée. (Il fait une pause.) De là où vous êtes maintenant vous percevez la coupole du Hilton, l'effervescence du quartier chinois, les toits inclinés des maisons victoriennes... Les tramways de San Francisco... Les crêtes du Pacifique à perte de vue. (Une autre pause, plus courte.) Vous survolez la Californie, le Désert de la Mort, les cimes de neige du Parc national... Maintenant vous planez au-dessus du continent américain. Le rempart des Rocheuses relie les forêts du Canada aux volcans du Mexique...

J'avais vraiment décollé.

Voix lente... musicale...

« Les vignobles de Virginie, le tabac du Tennessee... La cordillère des Andes, l'Amazonie... En bas le cap Horn, en haut les temples dorés de Kyoto... Les rizières mauves, les plis de la mer Morte... Les formes de l'Asie et l'Europe à côté... Le globe mauve de la Terre, votre planète. (Feutrée, la voix, plus lointaine aussi :) Vous êtes le satellite de la Lune. Vous survolez Mars et contournez les anneaux de Saturne. D'ici la Terre, notre Mère, ressemble à une tête d'épingle bleutée... Vous sortez de notre galaxie. Vous percevez maintenant couleurs et sonorités oubliées ; celles de l'esprit, le vôtre.

Long temps de pause.

Il nous a fait revenir par le même chemin à quelques années lumière près. Pour le plaisir nous avons fait une brève escale à la verticale de l'île d'Hawaii. Puis nous nous sommes posés en douceur sur notre moquette de départ. Durée du vol sidéral aller-retour : soixante minutes.

Deux cents visages radieux sont sortis de la salle en silence, sans se bousculer.

Deuxième acte : trente heures sur ma chaise.

Sourires sereins, sourires éteints. Accolades ou dérobades ; au lever de rideau, trois cent vingt figurants se retrouvent après une semaine de relâche.

Je n'ai aucune envie d'exprimer quoi que ce soit à qui que ce soit et je ronge mon frein de ne pouvoir chuchoter une ineptie rassurante à ma voisine de droite qui sent si bon. Ted, entre les interventions des séminaristes, répète sans cesse le refrain que je refuse d'entendre :

— Le message de EST c'est qu'il n'y a rien à obtenir.

Je ne supporte plus la torture de ma chaise ni l'idée humiliante d'avoir gaspillé deux mille francs pour rester assis, soixante heures, sans la perspective d'une récompense en fin de circuit.

— Mais alors, pourquoi ces soixante heures ? clame une jeune fille au dernier rang.

— Parce que, répond Ted avec fermeté. Parce qu'il vous faut

soixante heures pour vous débarrasser de vos préjugés. Il vous faut comprendre que le rien est tout. La vie n'est autre que le moment vécu.

Rivé à ma chaise, j'exige maintenant de l'animateur un coup de théâtre. Mais qu'il nous l'offre, sa recette, sa panacée définitive ! Ted nous rappelle la formule inscrite sur la brochure tirée sur papier glacé, celle reçue trois jours avant de commencer le séminaire :

« Vous recevez 80 % des bienfaits du séminaire pendant le second week-end.

Je suis la proie d'une nausée. Ballotté dans tous les sens. J'ai le tournis, le vertige de la moquette. Je songe à la pièce de Samuel Becket *En attendant Godot*. Soixante heures à attendre Godot dans le faisceau des luminaires de cette salle aseptisée.

« Personne ne va venir. Rien n'arrive jamais. Vous pensiez, poursuit Ted avec un terrible rictus, que le plafond allait s'entrouvrir laissant apparaître un cortège d'anges. Purs fantasmes.

Les bras se tendent. Une voix féminine, brisée, bégaye au micro :

— Je ne comprends pas !

— Parfait, répondit Ted. Bravo, vous avez compris ; il n'y a rien à comprendre.

La salle, calme jusqu'à présent, bourdonne.

— Oui. J'ai compris, crie un homme à la chemise froissée. Il n'y a rien à comprendre !

Je n'avais pas vraiment compris.

Au fond de la salle, les portes se sont ouvertes. Une centaine d'anciens séminaristes surgissent dans la salle, nous congratulant, nous ovationnant : pour eux, nous sommes des leurs, dorénavant.

Ted se tient maintenant sur le seuil ; il nous remercie un à un.

— Si vous voulez que votre vie soit heureuse, rendez-la

heureuse. Si vous souhaitez la saboter, sabotez-la. Vous êtes votre propre animateur, dit-il, très enjoué, bien qu'ayant passé deux fois trente heures debout.

Je m'étais senti frustré, seul, lorsque ces étrangers venus de l'extérieur s'étaient rués dans la salle par les portes enfin rouvertes. Contre mon gré, j'étais emporté par le courant violent de ce torrent d'adeptes. Je refusais cette ferveur pour le rien.

Pourtant Esalen, EST, la Californie me tendaient une perche. L'aventure de EST m'intriguait. Moi, et trois cents personnes, soumises, apprivoisées par un dompteur sur son estrade. Il me fallait comprendre.

Perplexe, je pénétrai, un dimanche, dans les coulisses de EST, pour chercher la pièce détachée qui me manquait. J'arrivai à quatorze heures. Cette fois, je serais assistant. La règle de EST m'y autorisait. J'avais suivi le séminaire. Nous étions dix-huit dans la suite 322 de l'hôtel Hilton. Nous allions suivre un entraînement pendant trois heures. Planter nos yeux dans les yeux des autres. Ne pas broncher. Nous avons joué à tour de rôle à l'assistant et au séminariste.

Une demi-heure avant la fin, je n'étais toujours pas qualifié pour assister les autres, plus tard ce soir, lors du jeu du risque. Mon vis-à-vis prenait un air gêné, amorçait un rictus qu'il avait le génie de ne pas pousser jusqu'au grotesque. Aux limites du crédible, il redevenait de marbre et recommençait. Hystérique, j'explosais de rire. Il me prenait alors dans ses bras et se joignait à mon hilarité.

Finalement, j'y parvins.

– Ne confronte pas, m'avait soufflé le responsable, choisis de prendre contact. Épouse le regard de l'autre, il est le reflet du tien. L'amour existe toujours derrière le masque de la peur.

J'allais m'en apercevoir.

Sciences : les apprentis sorciers

Rencontre du type très proche...

Quatre heures, vingt-trois minutes, trente et une secondes...
Le compte à rebours a commencé.

Il est un peu plus de onze heures ce matin, 12 novembre 1980,
au Jet Propulsion Laboratory, dans la banlieue nord de Los
Angeles, où sont reçues et analysées les informations transmises
par les sondes Voyager 1 et Voyager 2 lors de leur parcours
interplanétaire. Lancés en 1977, les vaisseaux les plus perfectionnés du monde, conçus et fabriqués en Californie, ont respective-
ment rencontré la planète Jupiter en mars et juillet 1979. Depuis
le 22 août 1980, Voyager est à portée de Saturne. A neuf cents
millions de kilomètres... Ce jour-là, les onze instruments à bord
du robot volant ont commencé de scruter le système saturnien, et
de communiquer, aux êtres humains penchés sur leurs écrans, de
bouleversantes informations sur la planète aux anneaux.

Aujourd'hui 12 novembre, Voyager 1 passera au plus près de
Saturne puis il quittera le système solaire et, par la Voie lactée,
s'aventurera dans le système astral.

Quatre heures, vingt-trois minutes, trente et une secondes...
Sur l'écran de télévision en noir et blanc de la salle de conférence
du Jet Propulsion Laboratory, le compte à rebours a commencé à

minuit, en ce trois cent dix-huitième jour de l'année 1980. Tout à l'heure, à trois heures quarante-cinq, heure californienne, le vaisseau passera au-dessus du ruban des nuages saturniens à cent vingt-quatre mille deux cents kilomètres de la planète. Jamais ne s'en était-il tant approché. Jamais ne s'en approchera-t-il plus. Voyager 2, une sonde jumelle, prendra le relais le 25 août 1981. Une visite un peu plus intime : au plus près de Saturne, Voyager 2 en sera à cent un mille kilomètres. Elle poursuivra ensuite sa chevauchée vers Uranus qu'elle atteindra en janvier 1986 puis mettra le cap sur Neptune. En septembre 1989, elle se fraiera alors à son tour un chemin hors du système solaire à la rencontre des étoiles.

Pied au plancher sur l'autoroute de Pasadena, je n'ai pas pris le temps, ce matin, de maudire l'air brunâtre qui entre à pleins goulots par la vitre de ma Toyota. Les images de Saturne diffusées hier et l'anticipation des gros plans du jour font vibrer en moi une fibre nouvellement sensible. Pur produit d'une éducation littéraire, je n'ai longtemps professé que du dédain à l'égard des phénomènes de la science. L'iris de Saturne pourtant et ses cerceaux couleur parme m'on émue comme une baudelairienne harmonie du soir.

Au pied des nuages descendus bas, j'ai rangé ma voiture. Des centaines de spectateurs ont déjà les yeux rivés sur les écrans qui transmettent un à un les colis d'images de Voyager 1. Je les ai rejoints à pas pressés craignant que Saturne ne soit en avance au rendez-vous. J'ignorais encore l'impeccable précision de la sonde. Au terme de son parcours spatial de trente-huit mois et une semaine, elle ne se sera écartée que de dix-neuf kilomètres du trajet prévu. Une erreur de 0, 000 000 000 1 %...

Trois heures, vingt-trois minutes, trente et une secondes. Dans la salle d'opérations, au Jet Propulsion Laboratory, une vingtaine d'hommes se penchent sur des écrans d'ordinateurs et des tableaux de bord noir et rouge. Chaque technicien dispose d'un écran de télévision. De onze heures quarante-deux à onze heures cinquante et une, les écrans lanceront cinq signaux. Cinq clichés de Thétys. Un œuf gris, dirait-on, dans lequel on aurait taillé, en bas à gauche, une minuscule encoche ; en fait, c'est une vallée géante de sept cent cinquante kilomètres de long et de soixante kilomètres de large. Je lève les yeux. Sur les murs deux photos panoramiques. Les plus belles. Prises et reçues sur terre il y a déjà plusieurs jours. Saturne, couleur de mandarine. Ses anneaux, en camaïeu de gris. Les photos ont été traitées, coloriées, fignolées par les ordinateurs. Des tableaux de maîtres.

Deux heures, vingt-trois minutes, trente et une secondes. L'astronaute Rusty Schweickart fait visiter au gouverneur de Californie Jerry Brown les laboratoires. Rusty Schweickart est un spécialiste. Membre de la mission Apollo, ce fut un des premiers hommes à marcher sur la Lune. Depuis trois ans, il travaille dans l'équipe du gouverneur. Il s'adresse au cortège :

« Notre diligence progresse sur la plaine du ciel. Pas de frontière en vue. Pas encore d'Indiens à l'horizon. Nous sommes les sourciers de l'espace et notre pendule vient de signaler l'existence d'un énorme avion extraterrestre. Pénurie dans l'univers ? Quel non-sens ! Nous avons mis la main sur le trésor. »

Une heure, vingt-trois minutes, trente et une secondes. Je me suis faufilée dans la suite du gouverneur pour bénéficier du cours d'initiation aux images. Voyager 1 a renvoyé dix-huit mille photos de sa rencontre avec Saturne. Sur terre, les antennes géantes reçoivent les images sous forme de code chiffré, puis les transmettent aux spécialistes du Jet Propulsion Laboratory. Ceux-ci décodent les signaux et, à l'aide d'ordinateurs, ils les reconstruisent.

Ils recomposent les couleurs de la planète et de ses satellites telles qu'elles seraient apparues à l'œil humain. Afin de pouvoir mieux étudier la composition géologique et chimique des objets photographiés, ils colorient différemment les anneaux et chacune des zones de Saturne. Ainsi la boule irisée de la planète, aux couleurs turquoise et corail comme un lagon, est un tableau illusoire aussi chatoyant à l'œil du profane qu'utile au savant. Il faut attendre une heure et demie pour que l'image photographiée dans l'espace parvienne au sol et soit transmise aux spécialistes du Jet Propulsion Laboratory. Quelques minutes leur suffiront alors pour décoder et bâtir ces visions.

Le gouverneur est muet d'admiration :

– Mais comment… Mais comment faites-vous ?

Rusty Schweickart le taquine :

– Un jeu d'enfant, Jerry.

Le directeur du Jet Propulsion Laboratory renchérit :

– Nos ordinateurs, monsieur le Gouverneur, sont de sublimes jouets.

Zéro heure, zéro minute, zéro seconde. Voyager 1 est au plus près de la planète. Sur les écrans, apparaît la tranche inférieure gauche de Saturne. Un gros plan gris et crevassé. Le directeur du Jet Propulsion Laboratory s'amuse de mon air déçu : « Nous sommes trop près aujourd'hui pour que la caméra englobe l'ensemble de la planète. Les plus belles perspectives nous sont parvenues il y a trois ou quatre jours. »

Tard dans la nuit, je suis restée dans la salle de conférence où, heure après heure, on avait exposé les clichés de la planète. Devant l'image du satellite Dioné, la dernière parvenue ce soir, un visiteur s'émerveille. Sa raie dans les cheveux n'est plus très droite. Il a l'air d'un enfant pomponné qui, pendant la fête, aurait oublié les recommandations maternelles. C'est Carl Sagan, l'astronome, l'écrivain, le pionnier de l'exobiologie (l'étude de la vie extraterrestre). Depuis cet automne, Carl Sagan est l'auteur et le narrateur d'un feuilleton à la télévision en treize épisodes intitulé *Cosmos*. Une rétrospective, à rebours, des quinze milliards d'années de l'évolution de l'univers. Dix millions de téléspectateurs se sont rivés à leurs postes. Ils ont entendu la voix de Carl Sagan leur dire : « L'espèce humaine est à un carrefour. Elle peut s'autodétruire ou continuer sa quête de connaissance. Tirer une croix sur son destin ou tendre les bras vers ces merveilles. Elle peut choisir de survivre, de savoir plus, ou choisir de se taire à jamais. »

Timothy Leary, professeur à Harvard dans les années soixante, fut le gourou de la « Révolution psychédélique », prônant l'expansion de la conscience par la drogue. Aujourd'hui, c'est le même homme qui déclare : « A l'heure actuelle, seule la science m'intéresse. Ce sont les lieux contemporains du mystère. Ce sont nos actes de poésie. » Et il enchaîne sur un éloge des « Nouveaux Savants » : « L'intelligence est l'ultime aphrodisiaque. Nous sommes à une époque déterminante pour l'histoire de l'espèce humaine. La méthode scientifique " marche ". Une espèce nouvelle de savants est en train de réécrire notre destinée. Notre survie ne dépend pas des militaires, des politiciens, des dirigeants religieux ni des faiseurs d'opinion publique. Elle dépend des savants du Nouvel Âge. Aujourd'hui, nous savons que le vaisseau Terre est une toile d'araignée délicate et complexe. Si nous voulons que l'espèce survive et évolue, il importe que nous élucidions la nature des fibres de cette toile. La politique est devenue une affaire bien trop importante pour être confiée à des politiciens partisans, incapables de comprendre l'évolution de l'espèce humaine et sa place dans l'univers. Savants du monde entier, unissez-vous ! La science est la dramatisation la plus intense du phénomène vital. »

La Révolution psychédélique ouvrait tout grand des portes

longtemps closes. La réalité en soi n'était ni fixe ni désespérante. Seule était limitée et déformante la perception qu'en avait l'être humain. Physiologiquement, le cerveau était extensible. Percevoir plus et différemment apparut comme une recette aux maux du temps : le désespoir et le cynisme. En modifiant la conscience, on pouvait bien changer de réalité.

A l'université de Stanford, le célèbre neurologue Karl Pribram, sur une reproduction en holographe du cerveau humain, représente les expériences de parapsychologie comme des activités cérébrales parfaitement normales. Comme de nombreux savants du Nouvel Âge, il estime que l'être humain n'exploite que 10 % de son potentiel psychique. « Si nous parvenions à développer au maximum les capacités de notre cerveau et à en comprendre les mécanismes les plus subtils, nous pourrions nous passer de la technologie que l'homme a construite, par défaut de connaissance. C'est un pis-aller. La conscience de l'espèce humaine est une technologie infiniment supérieure. »

Ce sont toutefois les récents développements technologiques qui ont permis à certains savants d'élaborer une méthode scientifique alliant les richesses psychiques de l'individu à son ingéniosité mécanique. Sans l'avènement de l'ordinateur, il est impensable qu'on ait pu vérifier certaines intuitions, perçues seules par des êtres ultrasensibles à la réalité. Curieusement, la technologie a favorisé la spiritualisation de la connaissance.

Elizabeth Raucher, physicienne à l'université Jonh-Kennedy à Orinda près de San Francisco, et Beverly Rubic, une biochimiste, ont ainsi fait appel aux talents de médium d'Olga Worrall.

Plaçant ses mains sous une éprouvette contenant des bactéries « Salmonella Typhimoria » baignant dans une solution de phénol létal, Olga Worrall réussit à prolonger la vie de 5 % des micro-organismes au-delà de douze minutes. Dans ces conditions, jamais les bactéries n'avaient vécu plus de deux minutes. Lors d'une autre expérience, Olga Warrall parvint à augmenter le taux de croissance et de mobilité des bactéries, usant du seul pouvoir de ses mains. Se gardant d'émettre des conclusions, les savantes ont trouvé l'événement assez fascinant pour vouloir poursuivre, dans le cadre de leur université, leur collaboration avec des voyants.

Auguste Mobius, le mathématicien du xixᵉ siècle, croyait en son temps à la richesse de la méthode alliant la rigueur de la raison à l'intuition des médiums. C'est au mathématicien visionnaire que Stephan Schwartz et Brando Crespi ont emprunté le nom de leur société Mobius, le laboratoire et salon de cette méthode scientifique remise en vigueur par les savants californiens.

Assistant-chercheur du chef des Opération navales au Département de la Défense, Stephan Schwartz, directeur de Mobius, avait démissionné de ses fonctions pour se consacrer à l'étude de la parapsychologie.

Le groupe Mobius de Los Angeles affirme avoir découvert, au cours d'une expédition préliminaire dans le port d'Alexandrie, un temple dédié à la déesse de la Trinité égyptienne Isis Pharia, des morceaux du phare de Pharos, l'une des sept merveilles de l'Antiquité, le palais de Marc Antoine ainsi que des ruines qui pourraient bien être le palais royal des Ptolémées où vécut la reine Cléopâtre.

Dans le Projet Alexandrie, l'équipe archéologique de Mobius se composait de savants du Stanford Research Institute, d'égyptologues de renom et... de voyants. Parmi ceux-ci, figuraient le caissier d'un supermarché de Los Angeles, un vendeur de pièces détachées d'automobile mais aussi Hella Hammid, elle-même déjà objet de curiosité pour les chercheurs en parapsychologie du prestigieux Stanford Institute, et George McCullen, le Canadien au flair international. L'acuité et la justesse de leur perception à distance, par-delà les murs de béton et des centaines de kilomètres, avaient étonné les savants. Dans le Projet Alexandrie, médiums et savants, les « répondants » selon le terme consacré par Stephan Schwartz, avaient dû fournir les informations perçues à distance ou sues par les seconds. Puis sur les cartes d'Alexandrie, les uns et les autres avaient dû délimiter un champ de fouilles et décrire les objets antiques dont ils présumaient l'existence. Sur le dessin de sa vision, l'un des médiums avait écrit : « Je vois un vase bleu qui pointe vers le nord. L'anse est couchée sur le côté gauche du vase. » Le personnel de Mobius avait alors fait se chevaucher les données scientifiques et les intuitions du médium, obtenant une « matrice de consensus ».

Puis, sur place, on fouilla. Mais George McCullen et Hella Hammid, participant à l'expédition, étaient irrésistiblement attirés vers le port d'Alexandrie qui ne figurait pas au programme. On ne pouvait les retenir. Pour sa part, George McCullen précisa ses visions par un dessin. En légende, il écrivit : « C'est le palais de Cléopâtre. Il n'est ni très vaste ni très somptueux. Il est sobre et carré. On y entre par des escaliers qui montent du fond de la mer. » Les plongeurs de la marine égyptienne donnèrent la main. Trois semaines plus tard, à portée d'yeux et de mains de scaphandriers, apparurent, sur les fonds sous-marins du port, les ruines et objets vus par les médiums.

Dans le jardin de la maison d'Hollywood où œuvrent ces visionnaires, le soir s'incline sur les orangers. Stephan Schwartz tire sur le fin cigare de marijuana qui circule : « Mobius est un pur produit californien. C'est la synthèse d'une exceptionnelle qualité de vie et de la technologie de pointe. Sur cette dernière grève occidentale, les informations que quotidiennement les savants nous offrent en spectacle ébranlent notre conception dualiste de la réalité. La société californienne est hautement informatisée. Nous sommes chaque jour exposés, par le biais de nos télévisions, à ces nouvelles données, révolutionnaires pour la connaissance. Simultanément, l'Orient – l'Ouest pour nous – est juste de l'autre côté du Pacifique. Il nous fait signe tous les jours. Les Californiens ne se sont jamais retournés sur leurs pas. Notre

66

civilisation est en marche vers l'Orient. La révolution de la connaissance à laquelle nous assistons est aussi déterminante que la révolution copernicienne. »

A pied, nous avons dégringolé la colline d'Hollywood où sont perchés les bureaux de Mobius. Nous nous sommes installés autour d'une table ronde derrière des paravents laqués, dans un restaurant japonais. Des dames aux hanches tenaillées entre des kimonos menus nous ont apporté des carrés de poisson cru aux couleurs de petits fours. Avant de les tremper dans le raifort et la sauce de soja, nous nous sommes tenus par la main et avons clos les yeux une minute. « N'oublions pas, a dit Stephan Schwartz, le directeur de Mobius, que ce repas nous unit les uns aux autres. Il nous relie au principe de vie. C'est un geste de solidarité, de communion avec l'univers, avec les végétaux, les animaux, les êtres humains, le monde extraterrestre. »

Le pression des deux mains voisines s'est relâchée sur mes doigts. Les baguettes se sont resserrées sur les chairs pastel des poissons et des légumes drapés de fritures légères.

Lorsque j'avais mentionné le nom de Jim Channon, Stephan Schwartz s'était renfrogné et avait secoué la tête. « Nous refusons toute coopération avec l'armée. Je suis passé moi-même par le Département de la Défense. Les militaires savent où me trouver. Nous sommes sollicités tous les jours. Je comprends leur inquiétude. Le Département de la Défense estime qu'en 1968 les Russes dépensaient l'équivalent de vingt et un millions de dollars par an pour étudier la parapsychologie à des fins guerrières. La " guerre psychologique " est une des grandes supériorités militaires des Soviétiques. La même année, les États-Unis avaient consacré à peine un million de dollars à l'étude de la " psychic warfare ". Or, je n'en doute pas, ce sera l'une des formes de bataille les plus répandues à l'avenir. »

La parapsychologie a toujours intéressé l'armée, en particulier les services d'espionnage.

Puis Stephan, toujours boudeur, avait repris : « Par principe, nous nous méfions de l'armée. Cette sublime technologie qu'est la conscience humaine peut aisément être détournée à des fins d'agression et d'anéantissement. Notre but est exactement contraire. Nous œuvrons pour l'avènement de la paix et pour la mise en commun de la connaissance. Pour nous, un Soviétique est un membre de la planète Terre au même titre qu'un Américain. Cela dit, nous avons testé Jim Channon. Il est sincère. Il désire vraiment la paix... »

Le lieutenant-colonel Jim Channon... Je l'ai rencontré pour la première fois sur un écran de télévision. C'était un film destiné aux cadets de l'Académie militaire de Westpoint. Il exposait son rêve : une technologie militaire douce. Il était adossé au soleil. On entendait tinter des grelots tibétains. Insensiblement, les contours de son corps s'étaient estompés pour épouser le contour carré d'un uniforme de lieutenant-colonel. La nuque s'était dégagée de trois centimètres de boucles. A chaque commissure des lèvres, la moustache avait été taillée. Sur commande, le personnage avait fabriqué un sourire de GI :

« Bonjour, avait-il dit à la téléspectatrice que j'étais, je suis le lieutenant-colonel Jim Channon. Il y a quelque temps, mon général me faisait remarquer qu'il était inutile de mener au combat des soldats dépourvus de foi patriotique. Seule la résurrection d'une spiritualité nationale, embrassée par tous, peut rassembler les morceaux d'une nation fragmentée et nous conduire à la victoire.

« Le " Premier Bataillon de la Terre " est la réponse d'un officier en quête de cette conscience collective dont parlait notre général. Notre patrie souffre de n'avoir plus d'idéal. Si vous posez la question à un étranger quelque peu préoccupé de l'avenir du monde, il vous dira : " Mais qu'attendez-vous, soldats de l'Amérique ? C'est à vous que revient le mandat historique d'assurer la paix du monde et la survie de l'espérance humaine. " »

Jim Channon m'attendait dans son bureau après la projection du documentaire.

Jeans délavés et polo à rayures, il ouvre les bras pour l'accolade. Sur l'épaule que j'embrasse, un médaillon est épinglé : « Le monde n'est pas encore aussi fou que je le souhaiterais. » Jim Channon découvre entièrement ses dents blanches sculptées à la perfection.

« Ça, dit-il, suivant mon regard posé sur le médaillon (il n'est pas mécontent de l'effet produit), c'est drôle, non ? »

Jim Channon a beau ne pas porter sur la poitrine ses médailles de guerre, m'embrasser et me dire : « I love you » au terme de chaque conversation téléphonique, je sais déjà qu'il a fait une carrière militaire irréprochable.

En 1965, Jim Channon était le premier lieutenant à mettre le pied sur le sol vietnamien avec sa division de parachutistes. Un an après, il rentre aux États-Unis. Il a bien rempli sa tâche. Il n'en avait qu'une seule, se souvient-il, éviter que ses soldats ne disparaissent. Un seul d'entre eux fut tué. Lorsqu'il quitta le Vietnam, il savait, dira-t-il alors dans un documentaire diffusé sur le réseau de télévision ABC, que l'Amérique avait perdu la guerre. Il termina ses études d'art et de communication dans plusieurs académies militaires. Puis, en 1970, il repartit pour l'Asie, cette fois dans le cadre des services secrets américains. Sa mission : apprendre aux tribus Méo du Laos à communiquer par idéogrammes avec les soldats américains et à leur fournir ainsi, grâce à un système de signes, des renseignements sur les troupes communistes vietnamiennes.

Mais le lieutenant-colonel poursuit : « L'armée, commandée par un général du Nouvel Âge, serait l'instrument idéal de l'harmonisation de notre planète. Pour guérir notre mère la

Terre, pour l'unifier, il nous faut user de force, mais d'une force morale. »

Le Premier Bataillon de la Terre est né, à la fin de l'année 1979, au club des officiers de Fort Knox lorsque le lieutenant-colonel Channon initia les membres d'un *Think Tank* (réservoir à idées), une institution militaire traditionnelle, à son rêve de bataillon. Ce soir-là, le colonel avait fait asseoir les officiers en cercle, leur avait ordonné de joindre leurs mains et de fermer les yeux. Il leur avait fait s'imaginer l'armée dans un contexte interplanétaire. « Comme toutes les autres institutions à l'heure actuelle, l'armée doit évoluer si elle veut survivre. Soldats d'Amérique, aujourd'hui, c'est au service de la planète que vous devez vous engager. C'est à elle que vous devez prêter serment. »

Dans l'esprit du lieutenant-colonel Channon, les soldats de ce nouveau bataillon seraient des « Moines guerriers ». En campagne, ils porteraient dans leur musette des fruits secs, des légumes frais, des pilules de ginseng pour stimuler leur ferveur et leur résistance. Dans l'infirmerie itinérante, on soignerait les blessés à base d'acupuncture, d'acupression et de massages shiatsu [1].

Si le First Earth Battalion n'est pour l'instant qu'une utopie sur le papier, le lieutenant-colonel Channon le voit, dès 1990, devenir une unité pilote de combat. Cent vingt guerriers moines, vivant de manière aussi écologique que possible, seraient prêts à tout moment à se déplacer aux quatre coins chauds de la planète.

Par exemple, les moines-guerriers iraient nourrir jusqu'au bout de la terre les populations affamées, survolant les régions incultes et ouvrant les soutes de leurs avions pour les bombarder de graines de riz ou d'agrumes. Ou bien, s'asseyant à quelques pas des centrales nucléaires, ils feraient de l'occupation passive, mettant en garde des docteurs Folamour en puissance.

Le but des missions du First Earth Battalion est de dissuader

---

1. Shiatsu : massage japonais.

l'ennemi à force de techniques douces de combat, évitant si possible de le tuer. Ainsi les soldats, au lieu de chars et de canons, useraient de haut-parleurs fixés sur des véhicules pour diffuser des sons discordants qui anéantiraient le pouvoir d'agression et de résistance de l'ennemi. Dans la guerre psychologique, telle que la conçoit Jim Channon, la « psychotronique » serait une arme d'élection.

Une fois par mois, Jim Channon se rend au Pentagone et communique son rapport aux généraux. Il leur parle des pionniers assis en cercle et participant aux mille groupes de thérapie californiens. Il y a glané leurs idées, leurs méthodes. Il en fait part aux généraux dans le cadre de leur *Think Tank*. Il leur dit ce qui les intrigue mais ne leur déplaît pas vraiment : « La ferveur spirituelle de ces pionniers et leur esprit de cohésion sont étonnants, mais ils pourraient user d'un peu de discipline militaire. » Au Pentagone, on l'écoute. Pourquoi ? Pourquoi écoute-t-on ce rêve d'armée douce venant par ailleurs d'un parfait soldat ?

Puis Jim Channon repart ouvrir l'œil, participer, rêver ou... recruter. Serait-ce là encore une mission secrète ? Cette semaine, la couverture de *Time Magazine* fait part des inquiétudes des généraux très militaires et sans folies : « Qui, demain, se battra pour l'Amérique ? »

Pour les moines-guerriers du Premier Bataillon de la Terre, la conscience humaine est l'arme de combat et de survie. Si la conscience, plus que jamais, est notre garde-fou pour la paix et contre l'anéantissement, c'est aussi notre dernier recours. Un recours prometteur si l'on en croit les travaux les plus avancés de la biologie. Pour la première fois, le développement de la technologie de pointe a rendu possible qu'on prenne le cerveau comme un objet d'étude scientifique. Progressivement, il s'élabore une science de la conscience.

Un couloir bleu marine entre deux paravents de béton. Le soleil écume l'argent sur la mer, décape en passant les dalles du couloir et va buter contre les plis de paravents derrière lesquels les chercheurs du Salk Institute s'abritent de ces éclaboussures d'univers. A la frontière du Pacifique, au bout d'une futaie d'eucalyptus, j'ai fait halte. Aux portes où se fait la recherche biologique la plus perfectionnée du monde.

Avec autant de précaution que je l'ai pu, posant le pied sur une marelle d'ombres, j'ai pénétré comme à regret dans l'Institut. Je craignais de froisser l'humeur parfaite de l'océan du ciel et de la terre par quelque maladresse humaine.

Dominant la baie de San Diego, à une trentaine de kilomètres du Mexique, le Salk Institute, fondé par Jonas Salk, l'inventeur du vaccin contre la poliomyélite, est une fondation publique. Quatre cents femmes et hommes y travaillent. Sur les cent vingt professeurs, il y a quatre prix Nobel.

Jonas Salk, le savant frêle vêtu de soie beige et de toile orange, refuse d'ajouter des mots au spectacle qu'il contemple seconde après seconde dans son bureau de verre, une loge sur l'océan. Il sourit à ma question. Non, il ne croit pas qu'il y aura jamais de dernière frontière à la science.

Ici, l'espèce humaine n'invente rien. Elle ne fait que dérouler un pan de plus dans son évolution. Les biologistes, eux, ne font que déchiffrer les écritures saintes de la nature. Comme hier. Comme demain.

L'océan est étale. Trois silhouettes assises de savants sont posées, immobiles. Elles ont le soleil pour dossier. Elles sont presque nues. Lorsque les savants auront assez scruté vers l'ouest, ils retourneront vers leurs bureaux. Ils font partie de ceux qui s'interrogent sur les deux mystères biologiques de ce XXe siècle finissant : le cancer et le cerveau.

Helen Neville a choisi le cerveau. Elle se consacre plus précisément à l'étude des hémisphères, une branche relativement neuve de la recherche neurologique, et révolutionnaire.

Les savants soupçonnaient depuis le XIXe siècle que l'hémisphère gauche et l'hémisphère droit du cerveau avaient la charge de fonctions différentes et spécifiques. Ils savaient ainsi que l'hémisphère gauche était le siège de la fonction du langage. Ils avaient conséquemment donné le nom d'« hémisphère dominant » à l'hémisphère gauche, et d'« hémisphère mineur » au droit. Ce n'est toutefois que dans les années cinquante que l'équipe du professeur Sperry, travaillant dans la banlieue de Los Angeles, à l'Institut de technologie de Californie, découvrit la fonction, jusqu'alors ignorée, du *corpus callosum,* l'épais câble de nerfs reliant les deux hémisphères du cerveau. Ce câble semblait avoir pour principale fonction d'assurer la communication entre les deux parties cérébrales. En effet, le système nerveux est relié au cerveau de façon asymétrique. L'hémisphère cérébral gauche contrôle le côté droit du corps et inversement.

Ainsi, lorsqu'une personne fixe son regard sur un objet, l'hémisphère droit ne perçoit que la partie de l'objet situé dans la portion gauche de son champ visuel et *vice versa*. Toutefois, par la voie du *corpus callosum,* chacun des hémisphères transmet à l'autre ce qu'il perçoit de sorte que la personne puisse parvenir à une vision globale de l'ensemble de l'objet.

Au cours des années soixante, l'équipe du professeur Sperry poursuivit ses travaux. Cette fois, le professeur se pencha sur le fonctionnement cérébral de patients dont le *corpus callosum* avait été sectionné, empêchant ainsi toute communication entre les deux hémisphères. Ces patients avaient subi en effet de graves atteintes apoplectiques. Pour empêcher que l'apoplexie ne gagne davantage de terrain, les savants avaient sectionné le câble de nerfs.

Les tests réalisés sur ces patients confirmèrent la spécialisation fonctionnelle des deux hémisphères. Le patient à qui on présentait un objet inclus dans son champ visuel gauche, percevait visuellement l'objet mais était incapable de le nommer. L'information avait, comme il se doit, été reçue par l'hémisphère droit. Mais le *corpus callosum* ayant été sectionné, l'information n'avait pu être acheminée vers l'hémisphère gauche où est localisée la fonction de la parole.

Ces travaux démontraient que l'hémisphère droit, aussi bien que l'hémisphère gauche, était impliqué dans les plus hautes fonctions de la connaissance. Simplement, chacun des hémisphères percevait la même réalité à sa manière, selon des modes différents. L'hémisphère gauche, siège du langage, reçoit et assimile l'information de façon logique et analytique. L'hémisphère droit est, quant à lui, une sorte de spécialiste de la « gestalt », de la perception globale. Il perçoit la réalité comme une accumulation de formes dans l'espace, appréhendées indépendamment de la succession logique ou de l'organisation temporelle. Chez la plupart des individus, parce qu'il est lié au langage et parce qu'il est plus diligent, l'hémisphère gauche est surdéveloppé au détriment de l'hémisphère droit, plus tourné vers les perceptions spatiales. L'artiste fait davantage appel aux qualités de l'hémisphère droit.

« En fait, nous avons deux consciences, mais ne savons encore pratiquement rien de la conscience de l'hémisphère droit. » Helen Neville a dit ceci en papillotant de ses yeux turquoise et en déplaçant ses jambes, déjà brunes, pour qu'elles profitent encore d'un rayon de soleil. Puis, pieds nus sur les dalles de son laboratoire, elle m'a entraînée devant un gigantesque tableau de bord bondé de fils électriques et de récepteurs entassés les uns sur les autres. Elle a vérifié qu'un fil rouge était bien branché, a ajusté une prise sur le compteur de droite et a regardé osciller une aiguille. « Aujourd'hui, m'a-t-elle dit, nous enregistrons l'activité cérébrale d'un singe. »

Les cellules du cerveau humain émettent un brouhaha continuel. Des électrodes, fixées sur le crâne d'un sujet et branchées sur des récepteurs, permettent de détecter ce babillage dont le sens demeure, pour l'essentiel, abscons. Certains signaux toutefois, amplifiés et clarifiés grâce à des ordinateurs perfectionnés, se manifestent régulièrement quelques centièmes de secondes après l'impact sur la matière grise d'une donnée extérieure ou d'une pensée. Les biologistes de langue anglaise appellent ces signaux des EP (Evoked Potential) ou « potentiel suscité ». Ces fréquences électriques changent au gré des circonstances. Elles varient selon que le sujet est plus ou moins attentif, selon qu'il anticipe l'événement à venir ou selon la nature de la tâche réalisée.

Installée devant son tableau de bord, Helen Neville enregistre ces signaux et s'en sert afin d'étudier la structure et les fonctions cognitives du cerveau, comme la perception, la mémoire, l'usage de la parole et du langage. Elle compare l'activité électrique des deux hémisphères du cerveau tandis que ses sujets remplissent diverses tâches verbales ou non verbales. Mais surtout, la savante du Salk Institute a contribué à démontrer que nous ne naissons pas avec des hémisphères spécialisés. Si un enfant est atteint à un très jeune âge de troubles affectant l'hémisphère gauche, il sera quand même capable d'apprendre à parler.

Il semblerait que dans ce cas l'hémisphère droit se soit par nécessité chargé d'une fonction qui, en temps ordinaire, est l'apanage de l'hémisphère gauche. A cet âge, le cerveau est encore assez malléable pour que l'hémisphère droit, non installé dans ses habitudes, s'empare de la fonction du langage. Si les mêmes troubles surviennent tard dans l'adolescence ou à l'âge adulte, le sujet a beaucoup moins de chances de recouvrer l'usage de la parole.

Quelque temps auparavant, lors d'un atelier de groupe où l'on s'interrogeait sur la notion du genre, le masculin ou le féminin, je fus surprise d'entendre l'un des animateurs commenter ainsi le mode d'écriture de son collègue : « Regardez, disait-il, voici l'attitude parfaite d'un individu dominé par son hémisphère gauche. » Il montrait les mots alignés les uns sous les autres sur un tableau, dans un ordre logique et avec une calligraphie régulière, serrée, tout en angles. Comme pris en flagrant délit, Edward, son collègue, le concéda. L'assistance sourit et approuva comme si, depuis longtemps, on l'avait mise dans le secret. David, l'accusateur, avait, lui, étalé ses mots à tort et à travers, en grandes lettres courbes. « Une nette prédominance de l'hémisphère droit aujourd'hui chez moi, avait-il remarqué. Je n'ai pas d'ordre, je retranscris des formes dans un espace sans lien logique. »

Prévenant contre de trop hâtives conclusions et d'imprudentes applications dans le domaine de l'éducation en particulier, Helen Neville avait de nouveau papilloté des cils et dit à voix basse, comme on chuchoterait à demi la clé d'un roman policier : « Les travaux récents sur la spécialisation des hémisphères du cerveau sont une boîte de Pandore pour notre culture. Imaginez donc les implantations de ces découvertes pour notre société occidentale, fondée sur le dualisme, sur le manichéisme de nos valeurs judéo-chrétiennes. Nous disposons de deux modes de connaissance aussi élaborés l'un que l'autre : l'un rationnel et verbal, l'autre intuitif et gestuel. L'un n'est pas inférieur à l'autre comme on l'a longtemps cru. Ils sont complémentaires, et l'intelligence humaine – il faudrait dire l'existence humaine – résulte de la synthèse de ces deux modes : le perceptif et l'analytique. Ces découvertes jettent les bases d'un " monisme matérialiste ", une philosophie radicalement antithétique de celle que nos sociétés pratiquent depuis des siècles. L'être humain accompli n'est pas l'être cérébral féru de raisonnement implacable, celui que nous avons, à tort, appelé l'être " intelligent ". La matière grise, organe unique composé de deux hémisphères asymétriques, renferme la clé de ce monisme matérialiste. »

Certes, les Californiens ont, comme aucun autre peuple, la capacité de recevoir l'information, de la soumettre à leurs fantasmes et de l'infléchir, au détriment parfois de la rigueur, dans le sens de leurs désirs. Ces découvertes scientifiques sur la spécialisation du cerveau ont été happées par eux et trônent déjà, en place d'honneur, dans le patrimoine culturel dont se réclame le Californien du Nouvel Âge.

Un jour d'automne, je furetais dans la librairie de l'université de Stanford, en quête d'ouvrages sur l'informatique. En ayant sélectionné quelques-uns, j'interpellai une libraire. Avais-je oublié un ouvrage important ? Elle inspecta ma sélection. Puis, avec un air de gourmande prise sur le fait, elle me fit signe de la suivre. Sur la table centrale où trônaient les dernières nouveautés et les succès du mois, elle saisit un livre à la couverture glacée *Drawing on the Right side of the Brain* (Dessiner avec le côté droit du cerveau). « Ce n'est pas vraiment votre sujet, me dit-elle. Mais ce livre fait fureur. Je l'ai moi-même à mon chevet. Il est fascinant. » En sous-titre, Betty Edwards, son auteur, précisait qu'il s'agissait d'un « cours pour stimuler la créativité et redonner confiance en ses talents d'artiste ».

Ce professeur de dessin de l'université d'État de Long Beach, au sud de Los Angeles, a appliqué directement les découvertes biologiques sur la spécialisation des hémisphères cérébraux à l'enseignement du dessin. La méthode qu'elle a conçue lui permet enfin, écrit-elle dans sa préface, d'« apprendre l'art de dessiner, non plus à quelques rares cas isolés, mais à tous les étudiants de sa classe ».

L'un des exercices que propose Betty Edwards pour forcer l'hémisphère droit à prendre le dessus est le dessin d'une forme à l'envers. D'un portrait du président Reagan, par exemple, dont le front est à la place du menton. Devant un visage renversé, l'esprit se trouble. Il a du mal à nommer un front un menton et un menton un front. Les objets visuels ne coïncident plus avec les symboles verbaux dont il pourrait disposer immédiatement devant une forme logique. Très vite, l'hémisphère gauche perd patience. Il est exaspéré. C'est à ce moment que l'hémisphère droit prend le dessus. Le sujet se met soudain à percevoir des ombres et des formes dans un espace sans plus se préoccuper de « comprendre » les objets, de les nommer. L'hémisphère gauche a renoncé à une tâche trop absurde à ses yeux, trop étrangère pour lui. Le sujet se branche alors sur son hémisphère droit, qui, lui, se contente de voir globalement. Il dessine. J'ai moi-même essayé. J'ai dessiné un président presque ressemblant, avec des ombres et des reliefs, moi qui sais au mieux tracer des bonshommes allumettes.

Cet exercice s'inscrit évidemment dans une méthode dont les leçons s'étalent sur plusieurs mois, voire plusieurs années. « L'expérience, conclut Betty Edwards, peut ressembler à l'expérience du *satori* dans la philosophie zen. C'est un voyage avec des yeux grands ouverts dans l'essence de la réalité. » Cette expérience est ainsi contée par un disciple : « La vie de zen commence par l'accès au satori. Le satori peut se définir comme un regard intuitif au centre des choses, fort distinct de la compréhension intellectuelle et logique. Quelle que soit la définition, le satori désigne toujours l'accès à un nouveau mode de connaissance jusqu'alors imperceptible parce que masquée. »

Face à une réalité de plus en plus riche, l'enfant doit disposer de la plénitude de son cerveau. Il a face à lui un nouveau compagnon, l'ordinateur. Est-ce une menace ?

Les éducateurs ne s'accordent pas quant aux effets de l'ordinateur sur la spécialisation des hémisphères cérébraux. Certains pensent que l'ordinateur, présentant à l'enfant une information plus complexe et globale, stimulera son imagination et le forcera à utiliser simultanément toutes ses facultés, celles de l'hémisphère gauche comme de l'hémisphère droit. Mais d'autres éducateurs voient, dans l'avènement de l'informatique et la fascination qu'exerce un ordinateur sur l'enfant, une menace supplémentaire pour l'hémisphère droit. C'est le cas du futuriste Peter Schwartz, du Stanford Research Institute.

Plus que jamais l'ordinateur fera appel à des qualités d'abstraction. Il est impossible de communiquer avec un écran sur le mode de la réalité. Un enfant peut fabriquer un éléphant avec de l'argile. Ses mains lui suffisent pour éprouver la réalité de la glaise. Toutefois, pour faire apparaître un éléphant sur l'écran de son ordinateur, il faudra d'abord que l'enfant définisse le concept d'éléphant. « La logique et l'esprit quantitatif resteront, selon Peter Schwartz, les deux grandes vertus du *Compkid* (le gosse de l'ordinateur). »

Craig, l'étudiant en psychologie qui supervise les frasques des petits génies de l'informatique en colonie de vacances, m'a accueillie avec ces mots : « Notre originalité consiste à avoir installé mes ordinateurs en pleine nature et à offrir autant de cours d'éducation physique que de cours d'informatique. » Il a ajouté : « A l'université de Santa Barbara, je me suis passionné pour les récentes découvertes de la biologie sur la spécialisation latérale des hémisphères du cerveau. Les applications de ces théories sur les méthodes éducatives me fascinent. Une heure par jour, je rassemble mes troupes et je leur fais faire des exercices pour stimuler les qualités dont l'hémisphère droit est le siège. Nous ne voulons pas faire des robots de ces petits bouts d'hommes. Il est essentiel qu'outre leur connaissance du fortran [1], ils possèdent

1. Le fortran : un langage, comme le pascal, mais plus complexe, mis sur pied par les informaticiens.

des dons pour le rêve, une sensibilité pleinement épanouie et des talents intuitifs. »

A cent cinquante kilomètres au nord de Los Angeles, juste après Santa Barbara dont les façades fleurent encore le propre, le missionnaire venu d'Espagne, il faut prendre sur la droite la Paradise Road et plonger dans une infinie vallée blonde. On freine pour les nids de poule, les écureuils dévalant comme des comètes et les petits enfants à cheval. « Rancho Oso ». Ce nom, le cow-boy et sa monture dessinés sur le portique d'entrée m'avaient annoncé les activités d'une colonie de vacances presque comme les autres. « Computer Camp », disaient, sur une pancarte jaune serin, les majuscules qui avaient l'air tracées par l'ordinateur.

Dans la chaumière où s'instruisent, dînent et dorment les pensionnaires, l'enfant à la frimousse pailletée de taches de rousseur a repoussé le clavier de son ordinateur « Apple II ». Il sourit. « Puis-je dire quelque chose ?... A la maison, je me sers de mon ordinateur pour intimider les amis de mes parents. Je les attire dans ma chambre, je tapote à toute allure sur mon clavier, je fais apparaître des figures en trois dimensions sur l'écran... Ils sont terrifiés ! »

Son sourire s'est élargi. Un air de Jojo-la-Terreur très cool : « J'ai toujours aimé les jouets qui coûtaient plus de cent dollars. » Il a remis sa casquette de base-ball. Il s'excuse. Il lui faut terminer avant midi la mise au point d'un jeu électronique avec des planètes inconnues, des soucoupes volantes et des envahisseurs. Il a douze ans. « Treize au mois d'avril 1981 », rectifie-t-il...

D'un autre coin de la salle à manger monte une chanson métallique dont l'air est familier. *Song Sang Blues* de Neil Diamond. John, onze ans, un blondinet passionné de musique, a programmé son mini-ordinateur « Texas Instruments 99/4 » de manière qu'il reproduise son air favori. Point d'orgue final.

John vibre de joie à l'unisson de sa machine. Pas une note fausse. Le volume et le rythme sont respectés. Il crâne un peu. « C'était compliqué, mais en fait cela ne m'a pas pris plus de trois bonnes heures de boulot. »

« Madame, David m'a chipé mon ordinateur ! » Cette voix pleurnicharde me soulage. Un gros chagrin d'enfant comme à l'école ordinaire. Il y a onze ordinateurs pour douze enfants. George gémit un peu plus. « C'est pas juste, je venais de finir d'apprendre le pascal et Michèle m'avait promis de me montrer ce qu'on pouvait faire avec le fortran... »

Ces petits prodiges – faut-il le dire, ces enfants de l'avenir – intimident comme des interlocuteurs dont on ne comprendrait pas la langue. Mais à les fréquenter de plus près, c'est vrai qu'ils sont musclés, affectueux et sociables, les pensionnaires de Computer Camp. Vite, ils laissent tomber le masque du crâneur. Quand on leur demande, ils vous font une place à leurs côtés, vous prenant le doigt et le guidant sur le clavier. Si vous vous trompez, ils vous trouvent toutes sortes d'excuses. Ils s'éclaboussent et s'égosillent dans la piscine comme tous les enfants du monde puis reviennent avec hâte devant l'ordinateur bâtir les tendresses d'un Nouvel Age, pour leurs parents, à la rentrée.

Ainsi le jeune Noah, fils du violoniste Itzhak Perlman, a une surprise pour son père : sur son mini-ordinateur personnel, il tiendra le calendrier des cent concerts que donne son père, chaque année, à travers le monde : où et quand, rhapsodie à Vienne ou symphonie à Lisbonne ? Il est bien connu que les artistes détestent les soucis matériels. Désormais, Noah aura pour Itzhak ces données fastidieuses à portée d'ordinateur...

Comment ces enfants des années 1980 n'auraient-ils pas tendance à tenir leur ordinateur pour une composante de la réalité au même titre que l'eucalyptus sous lequel ils font la sieste ? Ils vivent au cœur de la « Vallée du Silicium », cette Mecque de la technologie de pointe, florissante sur une centaine d'hectares, à

81

une cinquantaine de kilomètres au sud de San Francisco, parmi les vergers de pruniers et les herbes folles. Ce royaume, dont les princes sont des enfants, et le château un microprocesseur gros comme le quart d'un pouce, abrite mille entreprises à la pointe de l'informatique dont les plus célèbres du monde.

La Silicon Valley produit des millionnaires à la chaîne. Il y en a aujourd'hui cinq cents déjà. Ils n'ont pas encore trente ans. Vallée heureuse, elle doit sa fortune à un concours de circonstances très californien : la proximité de l'université de Stanford, le goût du risque de certains financiers, les plages qui constituent avec leur silicium une matière première quasiment inépuisable, l'ouverture commerciale sur le Japon. « Il y a vingt ans, m'a dit un des jeunes magnats de la nouvelle industrie – directeur à vingt-quatre ans d'une prometteuse compagnie, Apple Computer Inc. –, tout ceci était du pâturage. » Il a tendu la main vers les usines de verre poli, semées dans la Silicon Valley par le vent de l'informatique comme ces grains de sable dont vient le silicium. Les spécialistes de l'industrie électronique estiment que, d'ici 1990, 25% des foyers américains seront équipés d'un micro-ordinateur capable de vaquer aux tâches domestiques essentielles.

Imaginez. A sept heures trente juste, les rideaux de la chambre à coucher s'entrouvent, l'aiguille du thermomètre remonte à vingt-huit degrés, le percolateur dans la cuisine commence à frémir, la porte donnant sur la cour arrière s'ouvre pour laisser sortir le chien, la télévision diffuse le premier bulletin de nouvelles de la journée. Nous sommes chez M. et Mme Smith, un couple de bourgeois moyens. Sur un écran d'ordinateur, Mme Smith compare les prix des provisions qui lui manquent dans plusieurs supermarchés du quartier. Elle presse un bouton sur le terminal de sa cuisine pour commander sa recette favorite de bœuf bourguignon pour son dîner du soir. Elle demande à la machine de calculer la quantité d'ingrédients pour six personnes et programme ses trois fours pour qu'à sept heures quinze, juste, la cuisson de chaque plat se mette en marche à la température voulue. Puis elle se savonne sous la douche, programmée la veille à la température idéale, s'installe devant la télévision pour participer à une table ronde sur l'art byzantin auquel son ordinateur l'a familiarisée, embrasse sa fille que l'ordinateur vient de féliciter pour ses devoirs bien faits. Puis elle part. Elle reviendra ce soir, chez elle, quelques minutes à peine avant ses invités. Ce scénario n'a rien d'un fantasme.

Au Département de la science de l'ordinateur, à l'université de Stanford, Thomas Binford, chercheur en Intelligence Artificielle, travaille à la mise au point de robots, capables de remplacer un jour les ménagères et les ouvriers à la chaîne dans les usines. Derrière ses verres épais, je ne distingue pas ses yeux. J'entends à peine une voix me dire avec fièvre qu'« un jour, enfin, les chercheurs réussiront à fabriquer des robots intelligents ». Thomas Binford m'a menée, muette, dans une salle capara-çonnée où deux étudiants s'affairaient sur un bras articulé de métal noir. Avec un mépris évident, il a touché ce dernier-né de la recherche. « Ce robot qu'on utilise déjà aujourd'hui dans les usines n'a qu'un bras, deux doigts sans articulations, il est aveugle ou presque. Il n'est pas doué du sens du toucher et ne manifeste aucune force physique. Il est très raide et tremble un peu. »

« Pauvre vieillard », ai-je pensé, regardant, attendrie, le paria de métal noir. Thomas Binford a repris. « Imaginez combien il est difficile de faire travailler un robot inintelligent, insensible, incapable de percevoir ni de raisonner de façon autonome. L'objectif dans notre laboratoire est de former des ouvriers exceptionnels, capables de libérer l'être humain. Nous avons trois buts : douer nos robots d'un système sensoriel, leur apprendre une langue extrêmement subtile qui leur permette de raisonner géométriquement ; enfin, leur donner la possibilité de percevoir en trois dimensions, d'inspecter des objets bruts ou manufacturés sous tous les angles. D'ici vingt-cinq ans, ces robots d'usine représenteront le tiers de la main-d'œuvre industrielle d'Amérique. » Thomas Binford a baissé le ton. C'est sa façon d'être moins dur pour ses robots. Il a évoqué doucement les langues humaines qu'il parlait, dont l'italien, cette langue si mélodieuse…

Dans mon voyage à travers la Silicon Valley, je me suis sentie de plus en plus solitaire à émettre des doutes quant à l'utilité de cette nouvelle technologie. Outre quelques sociologues sur la réserve, l'enthousiasme à l'égard de l'ordinateur est aussi répandu chez les magnats millionnaires que chez les anciens activistes des années soixante, les éducateurs d'avant-garde et les futurs usagers de l'ordinateur produit en masse.

Mais aucun groupe social n'embrasse la nouvelle invention avec autant de passion que les enfants.

Bob Albrecht a décidé de faire de Menlo Park, cette petite ville de vingt-sept mille habitants au cœur de la Silicon Valley, la première *Computer Town* (ville de l'ordinateur) des États-Unis. Ici, le nom de Bob est sur toutes les lèvres. Celles des enfants surtout. « Je m'appelle Bob, le dragon, l'auteur ; et l'ami des enfants », me dit-il dans la taverne sombre où, attablé devant un Coca-Cola, il attendait d'aller retrouver ses *Compkids* (gosses de l'ordinateur) à la bibliothèque de Menlo Park pour la séance de sept heures trente. Il s'est fixé un but : les vingt-sept mille habitants de Manlo Park doivent parler couramment la langue de l'ordinateur aussi vite que possible.

Mathématicien de formation, Bob utilise l'ordinateur pour résoudre les problèmes de l'éducation. Selon lui, l'ordinateur dans la mythologie moderne subit le même traitement que le dragon. « Dans notre société occidentale, le dragon fait partie de la mythologie de la peur. Les enfants ont peur de lui. Mais il participe de leur vie imaginaire. Je veux apprendre aux enfants que les dragons, comme les ordinateurs, sont en fait des animaux très sympathiques qui s'apprivoisent facilement. »

A Menlo Park, le Dragon a d'abord créé le People's Computer Service, un organisme éducatif dont le but est de diffuser au public, par voie de gazettes, toutes les nouvelles de l'informatique et de mettre au point des programmes éducatifs. En bref, de savoir, pour contrôler l'ordinateur. Dans la bibliothèque de Menlo Park, les professeurs ont entre huit et douze ans. Ils donnent des cours, même à l'extérieur. Ce programme s'appelle *Rent a Compkid* (louer un gosse de l'ordinateur). Des familles le font. L'enfant passera un jour, deux jours, une semaine dans la famille pour apprendre à tous ses membres réunis les joies et les langages de l'ordinateur.

Repoussé par le directeur de l'école de la ville et par la Chambre de commerce, Bob a décidé qu'il n'attendrait plus. Dans la brochure qu'il distribue afin que des disciples créent une, deux, cent mille autres *Computer Towns*, il livre ses recettes : « Commencez en commençant... Commencez, c'est tout. N'attendez pas le moment opportun, l'endroit idéal, le nombre d'intéressés suffisant ou la bourse qui vous aiderait à financer le tout. Commencez par commencer. Si vous avez un petit ordinateur, si vous avez des amis ayant un petit ordinateur, rendez-vous à la bibliothèque municipale, à la librairie du quartier ou à la pizzeria du coin, et dites-leur que vous voulez y tenir une réunion de trois heures, une fois par mois. Donnez une copie de notre brochure, si vous voulez, pour leur démontrer qu'il existe un précédent. Si vous échouez, installez votre micro-ordinateur dans votre maison pendant les premiers mois. Une fois que vous avez trouvé un lieu, informez le public et la presse locale de vos activités. Donnez l'heure, l'endroit, la date et une description brève de ce que vous avez l'intention de faire. Les journaux locaux adorent ce genre d'événement. Les gosses, les ordinateurs, l'atmosphère volontaire et l'enthousiasme a des clubs et des cours du soir pour former les clients qui viennent de leur acheter un équipement d'informatique. Renseignez-vous. Une fois que tout ceci est fait, volez de vos propres ailes. Que reste-t-il à faire ? Tout. Organisez des cours, des ateliers, des galas, demandez aux écoles du quartier de venir une fois par semaine participer à vos activités.

« L'essentiel est de commencer. Prêts, partez !... »

Ailleurs, près de Berkeley, à Emeryville, un quartier pauvre, peuplé essentiellement de minorités raciales, est menée une autre expérience avec le soutien financier de l'université de Californie de Berkeley. Au fond d'une impasse, dans une école en parpaings tristes.

Lamont Shelby, Susanna de la Torre, Amarinda Drillon, Eric Thyles et les autres ont des dossiers scolaires très inférieurs à ceux de la moyenne des enfants aisés de la région. Leurs parents font la plonge ou servent dans le Coffee Shop sous l'autoroute. Ils n'ont pas de quoi offrir à leurs rejetons un micro-ordinateur à domicile comme les petits génies du *Computer Camp* de Santa Barbara.

Il est une heure de l'après-midi. Vingt enfants se partagent les dix ordinateurs de la salle de classe. Lamont Shelby, un petit garçon noir déluré, se fait rabrouer par sa camarade Amarinda. Il allait violer les règles élémentaires du savoir-vivre en approchant le premier ses doigts du clavier de l'ordinateur. « *Ladies first* », lui dit sa partenaire du jour. Lamont est un gentleman. Il s'incline. Déjà l'écran s'anime. « Bonjour Amarinda », dit-il à la petite Mexicaine. Ce premier exercice s'appelle la Tachitoscope. C'est un exercice d'orthographe. Un premier mot s'inscrit sur l'écran. Il reste inscrit vingt-cinq secondes. L'enfant a ensuite quelques secondes pour le réécrire correctement. Au fur et à mesure de l'exercice, les mots resteront écrits de moins en moins longtemps.

Bientôt, les enfants n'auront plus que deux secondes pour voir le mot et en retenir l'orthographe. Lamont s'impatiente. Il aide Amarinda pour que son tour vienne plus vite. Il me glisse à l'oreille : « Finalement, j'ai bien fait d'avoir attendu. Le prochain jeu est le Pendu. C'est mon préféré. » Il a bombé le torse, relégué la petite fille à sa place d'observatrice, et sur l'écran il a écrit : « Bonjour, je m'appelle professeur Lamont Shelby. » Il se tourne vers moi, goguenard : « Oui, c'est comme ça que je m'appelle vraiment. » Amarinda pouffe. Sur l'écran, la première et la dernière lettre d'un mot apparaissent. Lamont devra combler le vide qui les sépare, reconstituant ainsi le mot dans son entier. Chaque fois qu'il optera pour la mauvaise lettre, une barre s'ajoutera au dessin d'un pendu et d'une potence, en haut et à droite de l'écran.

« Tu as raté ton coup, professeur Lamont Shelby, commente l'ordinateur qui dessine un cercueil et grave une croix blanche sur le couvercle. Le professeur Shelby est pendu et enterré. » L'ordinateur a l'humour noir.

A l'autre bout de la table, Pinpin s'est appelé Reverend Money le temps du cours sur ordinateur. Tous les dimanches matin, le révérend noir de son quartier fait la quête auprès de ses ouailles. Il est vêtu de satin rose et conduit une Cadillac blanche. Dans le ghetto où vit Pinpin, le révérend symbolise la réussite sociale. Pinpin a programmé l'ordinateur pour qu'il lui parle la langue dont il usera ce soir dans les rues d'Emeryville. Pinpin n'a pas été pendu. Il a choisi avec justesse toutes les lettres : *Right on, Brother* (c'est bien, frère), dira l'ordinateur, laudatif. Les tresses perlées de Vanda, sa voisine, s'entrechoquent. Elle est ravie. Elle a aussi échappé à la pendaison. Et la prochaine fois, elle sera aussi audacieuse que Pinpin. Lorsque l'ordinateur lui demandera son nom, en début de session, elle dira Donna, Donna Summer Second. Comme son idole pop.

Cinquante minutes... La cloche a sonné. Des soupirs de

déception fusent dans la salle. « Demain à la même heure », crie l'institutrice en congédiant les enfants.

« Ils ont déjà fait des progrès étonnants, me confie-t-elle. Nous venons de recevoir une nouvelle série de tests que nous leur avons soumis, une semaine après le début de cette session d'informatique. Il est particulièrement urgent dans ces écoles de ghetto d'introduire l'ordinateur et la discipline de l'informatique. L'ordinateur a un avantage, surtout pour les enfants défavorisés. Il n'émet pas les jugements péjoratifs auxquels ces élèves sont particulièrement sensibles. Il est impartial. Il parle leur langage, s'ils le veulent. Il obéit à leurs ordres. »

Si les chercheurs, œuvrant dans le domaine de l'intelligence artificielle, ont réussi à reproduire dans une machine l'équivalent de la raison ou presque, ils n'ont pas réussi encore à inculquer à l'ordinateur les conduites les plus simples, les plus instinctives de l'être humain. « Je pense, dit l'ordinateur, donc je ne suis pas... »

Mais la machine ne risque-t-elle pas de supplanter l'homme ? Pour le professeur Marvin Minsky, père fondateur de l'Intelligence Artificielle, les sceptiques sont des H.C.Ps, *Human Chauvinist Pigs* (des humains « sexistes », jaloux de leurs prérogatives d'espèce).

« Quelle arrogance que de penser que l'évolution de l'espèce est terminée et qu'il ne peut rien exister de plus intelligent qu'un être humain ! Pourquoi l'homme serait-il l'unique être doué d'intelligence dans l'univers ? »

Une machine pourra-t-elle un jour émouvoir ou être émue ? Marvin Minsky répond aussi à cette question : « L'esprit humain se compose peut-être d'agents de mémoire spécialisés dans des tâches ou des émotions précises. Un " état d'esprit " pourrait alors être la toile tramée par ces " agents " s'alliant les uns aux autres pour une fonction spécifique. Il y aurait des agents d'amour, de joie, de solitude, de colère, d'intuition et de dépression. »

Identifiés et compris, ces agents pourront-ils être un jour représentés par des symboles électroniques dans les machines du futur ? Réussira-t-on à fabriquer une machine douée d'âme ? Cette question que se posent les savants reste aujourd'hui sans réponse. Jusqu'ici, la machine parvient au mieux non pas à sentir réellement mais à simuler certaines formes de sensibilité, exhibant les signes extérieurs de l'émotion comme un pantin animé tirant sur ses lèvres pour sourire ou sécrétant des gouttes d'eau pour pleurer.

– Bonjour, je suis le docteur Smith. Enchanté de faire votre connaissance, ai-je dit d'une voix assurée.

– Bonjour.

– Quel bon vent vous amène ?

– Je suis de très mauvaise humeur.

– Qu'est-ce qui vous rend de mauvaise humeur ?

– Les gens m'énervent certains jours.

– Certains jours ?

– Je vous ai dit que les gens m'énervaient, un point c'est tout.

– Quels gens ?

– Les gens.

– Que font-ils ces gens pour vous énerver ?

– Le seul fait d'avoir des gens autour de moi, ça m'énerve.

– Pourquoi n'allez-vous pas vivre sur une île déserte ?

– La vie n'a pas de sens.

– Vous êtes fou ?

– Taisez-vous, je vous prie.

– Vous devriez aller vous faire soigner.

– Manifestement votre expérience des malades mentaux est limitée...

– Vous êtes un bon à rien.
– Quant à vous, vous feriez mieux de changer de métier.
– Débile !
– Cette fois-ci, j'en ai vraiment assez, je coupe !

L'écran de l'ordinateur s'immobilise. Sous le dialogue inter-rompu, trois mots se sont inscrits : peur, colère et honte. C'est dans le registre de ces trois émotions que « Parry 2 », l'ordinateur paranoïaque, a choisi le vocabulaire de ses réponses. Peur, colère, honte. Point final. L'ordinateur s'est fâché.

M. Kenneth Colby, professeur d'électronique et de psychiatrie à l'université de Californie à Los Angeles, sourit, à demi humble. Un air de dire : « il a bien joué son rôle, hein, mon ordinateur ? » Un modèle de paranoïaque ! Au fil de ce dialogue avec M. Smith, le fallacieux psychiatre que j'étais censée incarner, « Parry 2 » a manifesté la conduite délirante pour laquelle son inventeur M. Colby l'avait programmé. En appuyant de nouveau sur la touche « départ », le professeur démontre la bonne conduite de son malade en silicium. Notre dialogue a été mémorisé par l'ordinateur. A côté de chaque réponse de « Parry 2 », quelques mots d'explication retracent son parcours psychologique. Dans un premier temps, il a accordé sa confiance à son interlocuteur. Mais très vite, décelant l'amateurisme et la fourberie du faux psychiatre, il s'est emmuré dans sa paranoïa. Poussé à bout par les insultes, il a enfin, à sa façon, claqué la porte du cabinet du docteur Smith. Il a tiré un trait sur l'écran de l'ordinateur...

« Parry 2 » simule la conduite paranoïaque d'un patient de chair et d'os conforme à la « théorie de l'humiliation » soutenue par le professeur Tompkins. C'est le préféré de Kenneth Colby, pionnier de l'utilisation de l'Intelligence Artificielle dans le domaine de la psychiatrie. Pour le professeur Colby, un ordina-teur c'est un violon. On peut lui faire jouer des flonflons ou bien du Bach. Il vaut mieux lui faire jouer du Bach. En l'occurrence, lui faire répéter les gammes complexes du cerveau humain. Petit prodige. Cinq juges, psychiatres chevronnés de l'université de Californie à Los Angeles, s'y sont trompés. Ils ont cru avoir affaire à un véritable patient.

Quelquefois, c'est l'inverse. J'aurais aussi pu être la patiente et l'ordinateur mon médecin. Les observateurs de ces émules de métal se sont penchés avec fascination sur l'épaule de leur concurrent. Ils se sont d'abord émerveillés du rapport établi entre un patient tourmenté et ce médecin implacablement serein. Souvent, ils ont vu le sujet se confier à la machine comme jamais il ne se serait confié à un autre humain, osant révéler les moindres détails de son intimité, ce que seul permet, généralement, un rapport humain long et laborieux.

Dans un second temps, certains des « vrais » médecins ont pris peur, comme Joseph Weinzenbaum, inventeur pourtant du programme Eliza, un substitut de docteur conçu dans le cadre du Massachusetts Institute of Technology. « Il y a certains aspects de la vie humaine qu'un ordinateur est incapable de comprendre, absolument incapable. L'amour et la solitude jaillissent du plus profond de notre moi biologique. Ils participent de l'essence de l'espèce humaine. C'est la réflexion sur notre destinée ontologique, propre à notre espèce, qui provoque ces émotions.

« Comprendre l'amour et la solitude, éprouver ces deux sentiments fondamentaux, n'est pas une tâche à portée de l'ordinateur. Ce serait un peu comme si on demandait à un être humain de troquer sa peau contre une carapace de métal... »

Joseph Weinzenbaum est formel. D'autres chercheurs le sont moins. Ils approuvent pour l'heure l'affirmation de leur collègue. Mais en post-scriptum ils ajoutent : « En principe... »

Une firme spécialisée dans la production du logiciel a entrevu les possibilités commerciales de l'ordinateur dans le traitement des névroses ou du moins des troubles psychologiques mineurs. Installée à Houston, Syntonic Software Corporation a vendu, au cours des derniers mois de l'année 1980, plus de dix mille cassettes d'un programme dénommé « Interlude ». A la dernière foire de l'informatique du Midwest, ce programme fit fureur. « Interlude » est un thérapeute sexuel.

Du gentil flirt au léger sadisme... telle est la gamme d'activités sexuelles que propose aux couples, en difficulté ou simplement ludiques, ce programme à plusieurs volets. L'un des partenaires commence par insérer le disque flexible dans le ventre de son ordinateur. Puis « Interlude » pose à chacun des deux partenaires installés devant lui des questions sur sa vie intime, ses préférences sentimentales et son caractère. Après avoir avalé et traité l'information, l'ordinateur enjoint au couple de suivre ses indications.

L'« Interlude numéro 23 » a pour nom *The Wrestling Match* (le pugilat). « Étendez, dit-il, une grande natte ou un drap double par terre. Déshabillez-vous, ne gardant que vos dessous légers. Enduisez-vous l'un l'autre le corps de crème solaire. Maintenant, battez-vous. » Sur l'écran s'inscrit alors cet aparté, réservé au mâle : « Ne triomphez pas vite de votre partenaire. La compétition serait immédiatement terminée. C'est le match en soi qui est amusant. »

Puis, de nouveau, « Interlude » s'adresse au couple : « Lorsque vous serez suffisamment émoustillés, utilisez les forces qui vous restent pour mettre fin au match. » L'ordinateur termine sur une dernière recommandation à la partenaire féminine : « Raidissez-vous. Il est fort possible que vous gagniez... » (Aux moins timides, l'ordinateur prescrit des audaces à peine rapportables.) L'« Interlude numéro 34 » s'adresse plus particulièrement aux dames. Il s'intitule : « Faites tout ce que voudra Lola. » « Votre homme veut au salon une dame de qualité et une catin dans sa chambre. Il sait que vous êtes la première. Montrez-lui que vous savez aussi être la seconde. Enfilez des bas noirs, lacez une guépière et chaussez-vous de talons hauts. Choisissez votre déshabillé le plus érotique et le plus décolleté. Puis exigez de votre partenaire qu'il vous séduise. Il faut qu'il soit à vos ordres. Sommez-le de se plier aux fantasmes que vous n'avez jamais osé lui avouer, qu'il n'a jamais osé vous avouer. Faites-le céder à chacun de vos désirs. Chassez toutes vos inhibitions... Vite, il oubliera les siennes.

David Brown, président de la Syntonic Software Corporation, mise beaucoup sur ce programme pour renflouer son chiffre d'affaires. Il ne s'étonne pas du succès d'« Interlude » : « L'ordinateur simplifie une fonction qui, auparavant, exigeait une grande dépense de temps et d'efforts : la fonction de la séduction et des rapports sentimentaux. » Il ajoute : « Par ailleurs, l'ordinateur ouvre des portes souvent closes dans la communication entre les gens. Il analyse une infinité de données en une période très courte. Par l'intermédiaire de l'ordinateur, les gens osent révéler des choses qu'ils sont trop timides pour dire à leur partenaire sans médiation. Un peu d'imagination supplémentaire ne fait de mal à personne. Le piment rend la vie plus stimulante. »

La révolution sexuelle sur fiches d'informatique...

L'ordinateur de Surrogate Parenting Associate recèle, lui, dans son ventre, non pas des mémoires mais des futurs nourrissons. Plusieurs centaines de mères en puissance sont fichées sur les ordinateurs de la clinique du professeur Levin, gynécologue et spécialiste des problèmes de fertilité, à Louisville, dans l'État du Kentucky. Lorsqu'un couple dont l'épouse est stérile en manifeste le désir, le docteur Levin puise dans sa banque de mères. Il en ressort la fiche d'une parturiente dont le pédigree ne jure pas avec celui de sa cliente, la mère adoptive. On insémine alors, artificiellement, la parturiente par procuration avec le sperme de l'« époux ». Elle ne rencontrera jamais les parents pour qui elle fabrique cet enfant. A distance, elle a signé un contrat, s'engageant à ne jamais tenter de retrouver la trace du bébé qu'elle portera pour une autre pendant neuf mois. Quelques secondes après qu'elle l'aura mis au monde, le personnel de Surrogate Parenting Associate le livrera au couple.

L'opération – le « package », dit le docteur Levin, usant du terme réservé aux emballages du supermarché – aura coûté aux parents de treize mille à vingt mille dollars... Cette somme inclut le salaire versé à la mère par procuration, les frais d'hôpitaux et d'avocats, les polices d'assurance, les examens psychiatriques des parents adoptifs et de la mère ainsi que les frais de voyage pour que la mère accouche chez le docteur Levin.

Ces fabriqueuses d'enfants ont entre vingt-trois et quarante ans. Elles ont toutes déjà été mères, au moins une fois. « Nous avons un ingénieur, une thérapeute, une infirmière, des institutrices et des femmes au foyer, précise M. Levin. Leurs motivations ? Elles se résument à trois : elles adorent être enceintes ; elles sont de nature altruiste et souhaitent aider les couples en difficulté ; et elles ne répugnent évidemment pas au salaire rondelet de vingt mille dollars. »

Richard Levin aime pontifier. Ce jeune médecin en costume à gilet a ouvert ce matin, à Los Angeles, sa conférence de presse sur cette phrase : « Je fabrique des bébés. » Il est venu gagner le public californien à sa cause. Il faudra assouplir ici la loi sur l'adoption. Les avocats californiens, instruits par l'exemple du Kentucky, se sont attelés aux textes...

Le 9 novembre 1980, le premier enfant ainsi conçu dans la clinique du professeur Levin était né. La mère par procuration, usant du pseudonyme d'Elizabeth Kane, engendra un beau garçon de cinq kilos. Depuis des années, ses parents adoptifs, un couple de Louisville, cherchaient une solution à la stérilité de l'épouse. Ils souhaitaient que l'enfant soit au moins à demi le leur, biologiquement.

Machines à penser, machines à vies, femmes-machines... Est-ce un hasard si les premières usines à fabriquer la vie sont nées ici, sur l'extrême lisière de l'Occident ? « Qui vous dit qu'un jour nous ne serons pas capables de construire des mémoires biologiques ? » Alexandre Zaffaroni, biochimiste de renom, est aussi un nouveau magnat de la Vallée du Silicium. Mais il trône sur le versant où fleurit l'autre industrie du Nouvel Age californien, l'industrie biologique. Il préside la compagnie Syntex où son collègue et ami Carl Djerassi inventa la pilule contraceptive. A eux deux, Carl Djerassi et Alex Zaffaroni ont fondé, à Palo Alto, quatre compagnies pionnières dans le domaine de la biologie industrielle.

Il y a juste deux ans, c'était l'automne 1978, je relevai dans une revue scientifique spécialisée le nom de deux sociétés, Cetus et Genentech, aux activités alors ésotériques. Ces deux compagnies étaient les premières à exploiter commercialement les récentes découvertes de la biologie moléculaire. La matière première de cette industrie naissante était bien la vie, plus précisément, le patrimoine génétique des micro-organismes réparti sur la double hélice de l'ADN, cette chaîne sinueuse, responsable de l'existence, où se regroupent les molécules d'acide désoxyribonucléique.

Huit ans seulement auparavant, Stanley Cohen, de l'université de Stanford et Herbert Boyer, de l'université de Californie à San Francisco, avaient mis au point la technique du « clonage », ou greffe des gènes, dont date l'origine de cette nouvelle industrie.

95

Ils avaient réussi, pour la première fois, à insérer les gènes de l'ADN d'une bactérie dans l'ADN d'une autre bactérie, afin que ces gènes greffés puissent construire un organisme flambant neuf, muni d'un profil génétique fabriqué sur commande. Cette synthèse de l'ADN est à l'ingénierie génétique ce que le transistor est à la révolution électronique.

Cette réussite n'aurait pas été possible sans les travaux, deux décennies auparavant, de James Watson et Francis Crick. Ces deux savants identifièrent, dans leur laboratoire de l'université de Cambridge, la configuration en double hélice de la molécule d'ADN.

L'automne 1978 où je rendis visite aux chercheurs de Cetus à Berkeley et de Genentech à San Francisco, le chauffeur de taxi dut s'arrêter plusieurs fois pour demander sa route. Personne aux alentours n'avait eu vent des manipulations sous verre de ces nouveaux savants. Les responsables des deux sociétés me reçurent avec empressement. Il y a deux ans, Genentech et Cetus étaient des noms, sinon anonymes, du moins peu connus. Seuls, les spéculateurs de Wall Street regardaient d'un œil avide l'alliance des laborantins en blouse blanche et des experts financiers, alliance sur laquelle des compagnies multinationales comme Shell Oil Company et Standard Oil of Indiana avaient osé miser.

Bon pari. Genentech remportait deux succès révolutionnaires : d'une part, la synthèse en laboratoire d'une hormone cérébrale, la somatostatine, déterminante pour soigner les maladies de croissance. Et, d'autre part, la production d'insuline humaine, inaccessible auparavant sur le marché pharmaceutique et capable de sauver plus d'un million et demi de diabétiques américains.

Un jour de juillet 1980, rendant visite à Ronald Cape, président de la société Cetus, je le trouvai attablé devant trois écrans de télévision à l'heure du bulletin du soir. Les trois réseaux nationaux de télévision l'avaient interviewé dans la journée. En effet, ce jour-là, la Cour suprême fédérale acceptait, pour la première fois, qu'une découverte concernant les origines de la vie puisse être brevetée. Les investisseurs, dorénavant, pourraient s'approprier le « capital-vie » en toute assurance.

La vie devenait une valeur boursière. En octobre 1980, Genentech décidait de vendre ses actions. Jamais, depuis des années, on n'avait assisté à une telle effervescence sur le marché de New York. En l'espace de quelques heures, de jeunes assistants en biologie moléculaire, dont on avait rémunéré les services en actions, furent sacrés millionnaires. Aujourd'hui, une douzaine de compagnies, semblables aux deux pionnières, ont été fondées en Amérique et en Europe. Il existe par ailleurs plus d'un million de laboratoires d'ingénierie génétique aux États-Unis et à travers le monde.

A ceux qui s'impatientent, les chercheurs et présidents de ces sociétés rappellent qu'il a fallu plus de vingt ans après l'invention du transistor pour voir apparaître sur le marché de petites calculatrices de poche. Le transistor est l'ancêtre des semi-conducteurs, trame des micro-ordinateurs. Un analyste new-yorkais remarquait récemment : « Il est indéniable que la technologie de la synthèse de l'ADN est aussi prometteuse que la découverte des semi-conducteurs. Or cette science n'a que huit ans. »

Au mois de juillet 1980, l'audacieux professeur Cline, chercheur à l'université de Californie de Los Angeles, osa, pour la première fois, une manipulation génétique sur être humain. Deux jeunes femmes, une Italienne et une Israélienne, disposent, depuis lors, d'un gène étranger qui manquait à leur patrimoine. Un gène sain, capable peut-être de fabriquer de l'hémoglobine et de guérir ces patientes atteintes d'une maladie du sang héréditaire, la thalassémie ou l'anémie méditerranéenne. Le professeur Cline brûla les étapes. Ses travaux antérieurs sur les animaux étaient insuffisants pour lui garantir le succès chez l'homme. D'ailleurs, la Commission de contrôle pour la protection de sujets humains de l'université de Californie lui avait interdit de tenter l'opération aux États-Unis. Le professeur Cline, avec arrogance ou audace (seule l'issue de l'opération en décidera), se rendit en Italie et en Israël pour effectuer légalement cette manipulation génétique.

Happé un matin dans les couloirs de l'université, le professeur Cline se dérobait aux questions d'ordre déontologique qui se posaient. Au cours des vingt minutes d'entretien qu'il consentit à m'accorder, il justifia sa tentative, affirmant qu'il recommencerait s'il avait à recommencer. « J'ose dire que si Galilée avait en son temps soumis sa proposition à toute une série de commissions de contrôle, certaines l'auraient acceptée. D'autres l'auraient rejetée. »

Dans les universités d'Amérique et du monde, des gérontologues de renom se sont attelés à cette tâche : la recherche sur l'immortalité. Ils l'abordent, eux aussi, par la voie de la génétique.

Roy Walford, professeur à l'université de Californie à Los Angeles, est l'un des pionniers de cette science née il y a à peine six ans, la gérontologie génétique. Il s'explique sur l'immortalité : « Un jour, nous triompherons du vieillissement. Mais même à ce moment-là, 95 % des individus ne dépasseront pas l'âge de cinq ou six cents ans. Le taux d'accidents sera extrêmement élevé. Nous mourrons, après cinq ou six siècles, de mort accidentelle. Quand aurons-nous ainsi maîtrisé le problème de l'âge ? Difficile à préciser. Dans cinq ou six décennies ? Au milieu du xxie siècle ? Peut-être avant ? »

Activiste à Berkeley dans les années soixante, correspondant du journal *The Los Angeles Free Press* à Paris lors des émeutes de 1968, poète dans la tradition de la *Beat Generation*, Roy Walford détient aussi la chaire d'Immortalité à l'université expérimentale d'Hollywood, un petit Vincennes ambulant et embryonnaire : pas de murs, pas encore d'étudiants, pas de cours sinon des réunions informelles tenues dans une piscine tiède ou sur une falaise de Malibu, d'où un Stéphane de Ségonzac, professeur en aéronautique et détenteur du record d'altitude en Delta, déploie parfois ses ailes sur le Pacifique...

Si, comme Roy Walford le postule, le système immunologique est le premier à décliner dans l'organisme vieillissant, protéger ce système contre l'usure serait une manière de prolonger la vie. Avec l'âge, en effet, une des fonctions précieuses de ce système décroît : la possibilité qu'a l'organisme de reconnaître les corps étrangers et de les rejeter, la possibilité de différencier entre le soi et le non-soi. L'organisme vieillissant commence de rejeter ses propres organes. Il est victime d'une réaction autodestructrice.

Plusieurs facteurs pourraient contribuer à renforcer le système immunologique et à en prolonger l'efficacité. Un régime nutritif soigneusement contrôlé, par exemple. Selon l'expression du professeur Walford, une « sous-nutrition sans malnutrition ». Ce régime réduirait la ration calorique jusqu'à entraver la croissance de l'individu. Parallèlement, on donnerait au patient des compléments nutritifs essentiels. Dès les années trente, ce régime avait été testé sur des rats. Les animaux, devenus beaucoup plus menus en raison du faible apport calorique, avaient aussi vécu plus longtemps. Un tel régime, surveillé par des spécialistes et administré à des êtres d'âge moyen, pourrait, de la même manière, différer le processus du vieillissement.

La potion antivieillesse, idée avancée par le biologiste de l'université de Yale dans l'État du Connecticut, Arthur Galston, n'est toutefois pas encore prête. Roy Walford consacre, à l'heure actuelle, une bonne partie de ses travaux à la mise au point d'un éventuel traitement alimentaire contre l'âge.

Une autre recette de longévité consisterait à faire baisser de quelques dixièmes de degrés la température intérieure du corps. Il est bien connu que les animaux hibernants vivent plus longtemps que les autres. Or, pendant l'hibernation, la glande hypothalamus sécrète une substance dont l'effet est de réduire la température de ces animaux. Roy Walford soupçonna que ces basses températures étaient à l'origine de leur longévité. Il alla chercher en Amérique du Sud des poissons à la vie très courte, les plongea dans un bassin d'eau froide et les maintint là. La durée de la vie de ces poissons fut sensiblement accrue.

Mais comment provoquer les mêmes effets chez un être humain ? Cette fois, le professeur, armé d'un thermomètre, se rendit à Rishikeesh, un centre religieux dans le Nord de l'Inde. Des guides le menèrent vers des yogi retirés, vivant dans des cavernes, et connus pour leur grand âge. Il leur demanda la permission de mesurer la température de leur corps et découvrit qu'en effet ces yogi étaient capables, à force d'exercices et de discipline, de réduire leur température intérieure d'environ un quart de degré par heure. Certains avaient même réussi à faire baisser à tout jamais la température de leur corps. Roy Walford regagna son laboratoire, convaincu que les êtres humains pouvaient apprendre à réduire leur température et à s'offrir ainsi quelques années supplémentaires. Ils pourraient, par exemple, absorber avant la nuit une potion chimique agissant sur la fonction régulatrice de l'hypothalamus. Ils « hiberneraient » pendant leur sommeil, comme des marmottes. Sous l'effet de la potion, la température de leur corps endormi descendrait jusqu'à trente-cinq degrés...

Dans la période relativement courte qui sépare les temps modernes de l'*homo erectus*, la longévité de l'être humain a doublé. Peu de mutations génétiques ont ponctué cette évolution. Instruits par ces observations, Roy Walford et Richard Cluter, un confrère de l'université de Baltimore, ont, dès le début de la décennie soixante-dix, émis l'hypothèse suivante, confirmée plus tard par leurs travaux : il se pourrait bien qu'un petit nombre de gènes dans l'organisme aient pour seule fonction de maintenir l'organisme en bonne santé et d'assurer sa longévité. Ils ne constitueraient que 0,6% du pool génétique de l'individu et voisineraient sur le sixième chromosome de l'être humain. Connus sous le nom de « complexe d'histocompatibilité majeur », ces « supergènes » seraient le siège de contrôle ou le poste de commande du système immunologique. Les travaux de Roy Walford révélèrent que ce complexe est propice aux troubles, lesquels peuvent entraîner le vieillissement et la mort de l'organisme.

Par ailleurs, une autre équipe de chercheurs révélait l'importance pour la longévité d'une enzyme protectrice essentielle, le « superoxyde dismutase ». Plus cette enzyme abonde dans l'organisme, plus ces espèces vivent longtemps. Des expériences sur les souris leur permettaient d'affirmer que le complexe d'histocompatibilité majeur contrôle la concentration de superoxyde dismutase dans l'organisme.

Est-il possible aujourd'hui de faire muter par manipulation génétique les supergènes du complexe d'histocompatibilité majeur chez l'homme, afin d'accroître leur expression et d'améliorer leur fonction régulatrice ? Les pionniers de la gérontologie génétique ne s'accordent pas tous sur ce point.

Certains anticipent déjà le temps où ils réussiront à construire de toutes pièces une « supersouris ». Plusieurs options sont envisagées. L'une d'elles consisterait à injecter, dans l'ovule d'une souris, de l'ADN de supergène.

Afin de fabriquer un organisme plus résistant, les savants pourraient aussi exposer les cellules à des substances extrêmement toxiques, les immerger dans un poison comme le superoxyde. Seules survivraient les cellules les plus puissantes. Exposées à des concentrations toujours plus fortes de toxines, les cellules bientôt contiendraient cent fois plus d'enzymes que les cellules normales. Il suffirait alors d'injecter ces cellules dans des embryons de souris. Des supersouris seraient nées !

Roy Walford, lui, préfère imaginer une nouvelle humanité. Ces gens qui ne vieilliraient plus, il les a appelés des *Midlifers* (éternellement d'âge moyen). Ces êtres ne seraient pas séniles mais resteraient en pleine force de l'âge. Leur maturité s'étendrait à perte d'années. Sages comme nos ancêtres mais forts comme nos adolescents, ils formeraient une classe très révolutionnaire. Délivrés de la menace de l'âge, moins récupérables que nos jeunes gens, les *Midlifers* seraient difficilement contrôlables par les forces répressives : la police, la presse, les dirigeants. Ils se recycleraient sur les campus à l'âge de quatre-vingt-dix ans. Ils rempliraient trois carrières professionnelles de trente années chacune. La réussite sociale aurait à leurs yeux une valeur beaucoup plus relative, en tout cas moins contraignante. A cent ans, dans la fleur de l'âge, on les verrait danser sur des barricades, clamer leurs revendications puis redescendre sur terre pour les faire appliquer. Ils auraient beaucoup plus le temps que nous de devenir des révolutionnaires accomplis.

Sur la place de Century City, entre les deux tours bétonnées, je me suis sentie projetée haut dans le ciel par la vague déferlante du soleil et par le vent. J'ai savouré la puissance très particulière qu'octroie parfois la Californie par le biais de ses attributs les plus banals : des immeubles, une autoroute à perte de vue, un rythme « pop » dans l'oreille au volant d'une automobile. Illusion que tout le ciel, couleur d'argenterie briquée, vous est offert. Rien n'est plus primaire ni illusoire. Une griserie sans cause, sans objet, sans flacon. La tête renversée vers les deux tours de béton, je roule à tombeau ouvert vers le fond du ciel. Vers ces pyramides dans lesquelles les modernes enterrent leur avenir.

Là-haut, au quarante-deuxième étage, dans une salle grande comme un vaste placard, quatre mille fioles, contenant la semence pour les enfants de demain, trempent dans des marmites d'azote. Steven Broder est le président de la Southern California Cryobank, la seule banque commerciale du sperme en Californie. Il soulève le couvercle de la marmite et tâte la température. Il relève la sonde. « Parfait, dit-il satisfait. La barre marque −198°. » Il referme la porte et jette un coup d'œil sur la gauche, vers les volets de bois coulissants, refermés sur une alcôve. Gregg, bon étudiant en médecine à UCLA, s'est isolé comme il le fait deux fois par semaine, entre deux cours. La Cryobank est à deux pas de l'université. Il presse le bouton 42 sur le panneau de l'ascenseur, salue Steven Broder, pointe l'heure de son arrivée sur sa fiche, saisit la fiole étiquetée à son nom, emporte au passage un *Oui magazine* ou un *Playboy* et disparaît. Steven jette un coup d'œil machinal sur la porte de gauche. Machinal. Gregg est un donneur parfait. Rapide, assidu, flegmatique. D'ailleurs, les dix-neuf autres donneurs permanents de la Cryobank le sont aussi. Comme Gregg, ce sont tous des étudiants en médecine. Des jeunes gens vigoureux, intelligents, responsables. Un jour, ils seront médecins, comme les clients de la Cryobank. Peut-être se spécialiseront-ils dans les problèmes de fertilité. Les universités d'Amérique apprécient l'expérience sur un *curriculum vitæ*. Deux fois par semaine, cela rapporte à Gregg vingt-cinq dollars. De quoi payer sa note d'épicerie hebdomadaire.

Steven regagne son laboratoire. Penché sur son microscope, il passe en revue la semence d'un nouveau donneur. Il s'est présenté aujourd'hui après avoir lu une annonce publicitaire dans le journal de l'université. Steven compte, examine la mobilité, la morphologie et la capacité de congélation du spécimen. Pour retenir un donneur, il devra compter quatre-vingts millions de cellules reproductrices par centimètre cube de semence. Cette densité est deux fois plus élevée que chez la moyenne des hommes. A la congélation, la moitié des cellules mourront. Même s'il suffit d'un spermatozoïde pour fertiliser un œuf, plus il y en a, plus les chances sont nombreuses. Les cellules de Tom, nouveau donneur, se déplacent vite et sans bavure. Bon augure.

Voyons à présent le profil médical de Tom... Sur les quatre pages de renseignements que Tom a fournis, Steven guette des traces de cancer, de maladies de cœur, de diabète, d'alcoolisme, de schizophrénie, de dépression nerveuse... Sur la fiche de Tom, Steven Broder inscrit : « d'accord pour un second test, un examen médical et une évaluation psychiatrique ». Sous les lunettes carrées à monture épaisse, les yeux sans éclat de Steven se brident légèrement. Tom sera content. Il n'est pas toujours facile d'annoncer à un fringant jeune homme à la peau de pêche que la qualité de sa sève est insuffisante pour faire de lui un régulier donneur de vie. Neuf postulants sur dix sont rejetés...

Steven Broder justifie l'existence de sa banque par ces chiffres. Aujourd'hui, un Américain sur dix est stérile. Il y a quinze ans encore, on comptait, chez la moyenne des hommes en bonne santé, de cinquante à cent millions de spermatozoïdes par centimètre cube. A l'heure actuelle, la densité normale est tombée de vingt à quarante millions par centimètre cube. Les chercheurs sont inquiets et intrigués. Il pourrait y avoir plusieurs causes à ce déclin de la fertilité masculine. Un environnement pollué, une nourriture malsaine, des pesticides dans la chaîne alimentaire, les radiations dans l'atmosphère, les tensions psychologiques provoquées par la vie moderne. D'autres médecins suggèrent que l'espèce humaine est sur le déclin. Biologiquement, notre motivation pour procréer diminuerait.

Gregg a fait coulisser la porte de sa cabine. Il peigne une dernière fois ses cheveux noirs lustrés, dépose la fiole sur le bureau du laboratoire de Steven, repose les quelques magazines empruntés, m'adresse un sourire franc, et redescend les quarante-deux étages dans sa vie d'étudiant de médecine.

Si chacun de ses dons avaient été inoculés avec succès, Gregg serait aujourd'hui le père naturel de quelque trois cents enfants. Il y pense quelquefois non sans une certaine fierté. « Je suis en bonne santé, intelligent, je ne suis pas laid. J'ai un bon patrimoine génétique. Je trouve cela tout naturel d'en faire profiter les autres. » La Cryobank lui a garanti l'anonymat. La plupart des enfants conçus par insémination artificielle ne l'apprennent jamais. Mais si un jour un enfant venait à lui, tenant en main une preuve de sa paternité, il ferait face à la situation. « Toute relation humaine est enrichissante. Je présume que nous n'avons jamais trop de liens avec nos frères et sœurs, avec les êtres humains en général. »

Steven vérifie la qualité du don de Gregg sous son microscope. Une question de routine : Gregg travaille pour la Cryobank depuis cinq mois. Puis il va soulever le couvercle d'une des quatre citernes grises de la salle de congélation. Il y trempe l'éprouvette. Elle flotte avec quatre mille autres dans la brume blanche et fumante.

Une dame a timidement frappé à la porte du laboratoire. Elle s'excuse. Elle est rentrée après avoir sonné. On ne répondait pas. Elle remet à Steven le certificat de son gynécologue. Il exerce sa profession au sixième étage, dans le même immeuble. Le bâtiment où la Cryobank s'est installée est une clinique géante sur plusieurs étages. Une situation idéale pour la banque. La semaine dernière, quand la dame – une future cliente – s'est présentée à Steven Broder, elle a rempli un formulaire intitulé : « Description de l'époux ». Elle a inscrit les traits généraux de son mari, le vrai : sa taille, la couleur de ses yeux et de ses cheveux, la structure des os de son visage, son origine ethnique. Elle a spécifié sa religion. Elle accorde beaucoup d'importance à la foi. Sous la mention : « Traits particuliers », elle a écrit « musicien ». Son mari est un excellent violoniste. Steven va puiser dans la marmite la fiole que Gregg a laissée mardi dernier et la tend à la dame. La dame règle :

quatre-vingt-dix dollars. Deux injections. C'est ce que le docteur lui recommande. Deux en un mois, au moment de l'ovulation. La plupart des femmes inséminées artificiellement sont enceintes au bout de trois mois. Les donneurs travaillent en général six mois. Outre les donneurs permanents, la banque dispose sur fiches de donneurs à caractère particulier : des donneurs de nationalité étrangère appartenant à divers groupes ethniques. Depuis son ouverture, la Cryobank a vendu mille cinq cents fioles. Chaque année, en Amérique, entre quinze mille et vingt mille enfants naissent d'une conception par insémination artificielle. On s'attend à ce que, dans une dizaine d'années, cent cinquante mille enfants par an naissent ainsi.

Les difficultés que fait l'État de Californie aux gens désireux d'adopter un enfant incitent les couples stériles à avoir recours à cette méthode. Même si la majorité des clients de la banque sont des couples mariés, 10% des usagers sont des femmes célibataires et des couples de femmes homosexuelles désirant un enfant. Certaines féministes voient, dans l'insémination artificielle, une manière pour les femmes de reprendre en main leurs qualités reproductrices.

Certains hommes, à la veille de subir une vasectomie, déposent leur sperme à la banque. Au cas où, à l'avenir, ils reviendraient sur leur décision. D'autres encore, craignant que des radiations ou une chimiothérapie ne les rendent stériles, prennent les devants.

Annette Baran, psychologue, s'est spécialisée dans les problèmes psychologiques des parents concevant par insémination artificielle. Elle choisit cette spécialité lorsqu'un couple, ayant eu un premier enfant de cette manière et en désirant un autre, sollicita ses conseils. Cette fois, l'époux voulait en adopter un. Torturé, il donna ses raisons : « Si ce bébé ne peut être biologiquement le mien, je ne veux pas qu'il soit le sien non plus. » Annette Baran, qui a interrogé plus d'une centaine de parents « AID » *(Artificial Insemination by Donor)*, a conclu que cette méthode d'enfantement crée plus de problèmes pour le couple et leurs enfants qu'elle n'en résout. Elle menace l'équilibre précaire de toute relation. Même si le médecin assure le couple du secret, l'époux est tourmenté par le mensonge qu'il porte et subit comme un affront social permanent. On le félicite d'un bébé qui n'est pas le sien. La mère détient le pouvoir sur lui et l'enfant. Comment accepter l'idée que l'enfant qu'a porté sa femme vient d'une semence « supérieure » à la sienne ?

Lors d'une récente conférence intitulée « L'intégrité des spermatozoïdes congelés », les médecins ont proposé plusieurs moyens pour remédier à ces problèmes psychologiques. Afin de ménager la sensibilité de l'époux, certains lui proposent de mêler sa semence à celle du donneur au cas où, motivés par la compétition, ses spermatozoïdes réussiraient à triompher de ceux du donneur. Les chances sont très minces mais le hasard rassure. 75% des hommes optent pour cette relative tranquillité.

D'autres penchent pour un autre remède. L'époux se sent bafoué par la méthode « mécanique » et les connotations impersonnelles d'un sperme congelé. Le docteur l'engage à participer à l'insémination artificielle. Il doit prendre quotidiennement la température du corps de sa femme et la conduire chez le médecin, juste avant l'ovulation. Le médecin invite alors l'époux à participer directement à l'opération, voire à effectuer lui-même l'insémination. Le docteur l'assure que la grossesse de sa femme ne pourrait avoir lieu sans son aide de chaque instant.

Il y a une douzaine d'autres banques du sperme aux États-Unis. Ces banques n'effectuent pas elles-mêmes l'insémination ni la vasectomie pour les hommes. Leurs seules activités consistent à acheter et stocker les échantillons de semence.

Steven Broder a accroché sa blouse blanche au portemanteau, a passé un veston mal coupé, est allé vérifier une dernière fois que la salle des marmites d'azote était bien fermée. « Il ne faudrait pas qu'on me cambriole. » Puis, pour la dernière fois, il a souri, comme un jeune PDG heureux dont les affaires commencent enfin à marcher. Six heures pile. Il a enfilé sa blouse blanche à dix heures juste, ce matin. « Nous commençons seulement à amortir nos dépenses, a-t-il dit, éteignant les lumières de la banque. Les banquiers de ma sorte ne deviennent jamais millionnaires. Mais nous vivons bien. J'ai toujours voulu travailler à mon compte. Ici, je suis seul maître à bord. En Californie, je fais aujourd'hui un commerce légitime. Je fais œuvre utile, de modestes bénéfices, je ne demande rien de plus. »

L'ascenseur s'est immobilisé au rez-de-chaussée. La lumière faisant ricochet sur les tours triangulaires m'a éclaboussé le visage. De nouveau ballottée sur cette place nue, j'ai regardé monter les tours de béton vers le ciel. Ridicule parodie de la fécondation. Comme si le béton pouvait donner des enfants au ciel ! Ici, entre la terre non fécondée et le quarante-deuxième étage où les hommes font des enfants sans ventre de femme, il bruine. Quatre mille gouttes presque sèches de fausses amours...

« Dans une vingtaine d'années, la moitié des enfants américains seront conçus par insémination artificielle. » Les mots de Steven Broder me trottent dans la tête.

La Californie est le lieu des extrêmes. Au sud de Los Angeles, Robert Graham n'a pas hésité à créer une banque de sperme réservée aux prix Nobel. Et à stocker ça dans son garage !

Ophtalmologue et pionnier du verre de contact en plastique, il publiait, vers le milieu des années soixante, un livre dans lequel il proposait la création d'une banque pour bâtir une race supérieure. « L'intelligentsia sans enfants conduit l'humanité à la catastrophe, écrivait-il. Il faut travailler à l'amélioration du patrimoine génétique de l'humanité. » Ce livre s'appelait *The Future of Man*.

Au cours de la réalisation de cet ouvrage, Robert Graham avait rencontré, sympathisé et collaboré avec Hermann Müller, généticien de renom, lauréat du prix Nobel en 1946. C'est en la mémoire de son ami que Robert Graham créa le Repository for Germinal Choice dans son ranch d'Escondido, au sud de Los Angeles. Robert Graham a soutenu que ses donneurs étaient tous des prix Nobel. Mais seul l'un d'eux, William Shockley, prix Nobel de physique, a confirmé qu'il avait fait don de ses gènes reproducteurs. Les autres, contactés par les journalistes, ont, pour la plupart, éclaté de rire ou piqué une colère.

Trois des deux douzaines de femmes inséminées à la banque de Robert Graham sont membres de la Mensa Society, un club composé de gens dont le quotient intellectuel les place théoriquement au sommet de la population humaine. Ces trois femmes ont, selon Graham, été inséminées avec succès.

L'aveu de William Shockley a choqué quoiqu'il n'ait pas surpris. A soixante-dix ans, ce prix Nobel de l'université de Stanford jouit d'une réputation de savant dérangé, d'avocat du racisme et de chercheur aux compétences douteuses. Il y a quinze ans, William Shockley touchait une corde particulièrement sensible de la société américaine, avec sa théorie de l'évolution régressive, la *dysgenics*. « Les Noirs, moins intelligents, produisent plus d'enfants que les gens intellectuellement doués, affirmait-il publiquement. Il faut remédier à cet état de choses. » Venue d'un prix Nobel, cette affirmation était particulièrement révoltante. L'Académie nationale des sciences empêcha le professeur d'enseigner à Stanford au cours de « dysgénique », jugeant les conceptions de leur collègue génocidaire « simplistes et indignes d'être prises en considération par des savants ».

Sciences et vies se rencontrent en Extrême-Occident pour le meilleur et pour le pire. Ainsi, rien n'empêche aujourd'hui le terrifiant Robert Graham de procéder seul et sans inquiétude, dans son garage, à la construction d'une race aryenne.

Si la science n'a jamais tant frôlé l'horreur, elle n'a jamais non plus tant frôlé la poésie qu'aujourd'hui.

Il faut savoir les savants déments. Il faut les imaginer sages. Il faut les espérer poètes. Et chaque fois, terriblement californiens...

Santé : choisissez

Je respecte ceux qui veulent survivre.

John Lennon.

Holistic Health…

Il n'existe pas à ma connaissance de traduction appropriée pour ce terme qui s'écrit aussi *Wholistic*. *Wholistic* est issu de *Whole*. Il désigne le tout. Sa connotation évoque une synthèse, celle du mental et du physique. *Holistic* vient de *Holy*, sacré, et confère une coloration spirituelle à cette démarche. *Health* signifie santé : santé physique, santé mentale.

Un autre terme très répandu en Californie est celui de *healing*. Il peut être traduit par guérison, mais a un sens plus large. Healer désigne le guérisseur, le médecin, le thérapeute, le psychanalyste, le sorcier, le gourou. Il vise aussi le patient, le client, le séminariste, le disciple. Il établit une relation d'égalité entre patient et praticien, relation fondée sur un échange et non plus sur la dépendance. Les principes de la relation s'appuient sur la communication, la libre circulation d'une énergie, d'un élan vital, du praticien au patient, du patient au praticien.

Pour les philosophes existentiels du Nouvel Âge, ceux qui pratiquent dans la rue, ceux des plages, des groupes de psychothérapie ou de spiritualité, chaque individu détient le remède à son problème. Chacun peut devenir son propre gourou.

Sur la voie du développement personnel, il est à tout instant permis de solliciter l'aide et le soutien de l'autre, son concours et, surtout, son écoute. Car l'autre est nécessaire à l'épanouissement du soi.

Une expression répandue est celle du *think positive* (penser positif). C'est plonger dans l'expérimentation du tout... et du néant. En ce sens la Société californienne du Nouvel Âge s'inspire du zen, non pas le zen ascétique des temples japonais mais une mystique du quotidien. Un zen de rue et de plage, un zen dans le loisir, un zen dans les affaires. Une acceptation élargie du présent, rien de plus, rien de moins, c'est un choix.

Toutes les techniques psychothérapeutiques sont essayées : arts martiaux, massages, groupes de rencontre. Toutes présentent l'avantage de promouvoir l'ouverture. La meilleure est celle qui convient pour communiquer avec soi, avec les autres... pour communiquer avec l'Univers. On assiste ainsi à la renaissance d'une spiritualité, d'une ferveur affranchie de tout précepte religieux. On parle d'une planète liée au cosmos où le Christ, Bouddha, ma bicyclette et moi avons le même mérite : celui d'exister. Buckminster Fuller, un maître de cette expansion de la conscience californienne, dénonce : « Nous ne voulons plus d'un Dieu d'occasion *(A second hand God),* c'est-à-dire d'un Dieu transmis par les autres, dont nous avons hérité comme de notre climat et de nos piscines. Dieu est aussi dans l'élan de mon lévrier de course. »

Le terme *let go* fait sans cesse surface. Il est mal rendu par la traduction française. « Laissez aller », a une connotation de nonchalance et d'abandon. Le *let go* californien est un acte positif et créatif. Il enseigne à accepter l'événement. L'objectif consiste à puiser à pleines mains bronzées dans l'infini potentiel. Le *let go* c'est le credo californien, un code de communication, la permission de croire, la promesse d'écouter. Pour le pire ou pour le meilleur.

Un autre terme important utilisé est celui de *space* (l'espace). Il définit un territoire, celui accordé à l'autre dans lequel l'interlocuteur est invité à pénétrer en sécurité pour communiquer. Une sorte d'antichambre mobile où tout est permis. Un espace dont chacun dispose pour s'isoler, faire le point, se « recentrer », puiser une énergie.

Ram Dass, de son vrai nom Richard Alpert, est un docteur en psychologie, célèbre dans les années soixante et aujourd'hui le principal porte-parole de cette évolution du groupe vers l'individu. Ses propos illustrent la synthèse du zen et de la responsabilité individuelle :

« Notre objectif est de réussir enfin à ne devenir personne. Lorsque j'étais professeur à Havard, je passais tout mon temps à cogiter. J'étais payé pour cela. Maintenant mon esprit est vide et je reste là assis, avec mon air stupide. Se débarrasser de la pensée est une lente démarche. Apprécier les bienfaits de cet état de vide, ne plus se sentir obligé d'être quelqu'un, ce n'est pas aisé. Vous avez passé la première moitié de votre vie à essayer de prouver quelque chose, efforcez-vous maintenant de devenir enfin personne, c'est le seul moyen de devenir quelqu'un.

« Au cours des années soixante, il nous a fallu faire l'expérience de la drogue pour parvenir à la libération. Il nous fallait aussi coûte que coûte adhérer à un groupe ou à un culte. Il fallait trouver un gourou, un maître. C'est pourquoi il y avait un tel engouement pour les mouvements de masse. Aujourd'hui les gens comprennent que le mal vient d'eux-mêmes, le bien aussi. Ils se confrontent plus facilement à leur négativité. Ils admettent que la poussière réapparaît toujours, même s'ils tentent de la dissimuler. »

San Francisco Chronicle, 4 décembre 1980 : En caractères gras, sur deux colonnes : La cour de justice de Sacramento a tranché en appel « Pas de Marijuana pour John ». En dessous, la photo de l'enfant chauve en pyjama. En retrait, sa mère Alice.

Alice avait entendu parler des effets bienfaiteurs de la canabis pour dissiper les nausées accompagnant le traitement chimiothérapique du cancer. Elle avait procuré de la marijuana à son fils John et lui avait appris à en fumer ; « cela lui permettait de manger son repas normalement », avoua-t-elle à la barre.

Un soir, le père de John découvrit deux joints entamés sous la table de nuit. Il en avertit l'hôpital et alerta la police. Le médecin de John témoigna : l'état de John ne justifiait pas le recours à la marijuana, autorisée légalement en Californie seulement si le patient est soumis à un traitement chimiothérapique intensif et si aucune formule médicale ne réussit à soulager les nausées.

A l'hôpital de l'université de Stanford, quinze patients atteints d'un cancer au stade terminal fument régulièrement leurs doses de marijuana légale. D'autres hôpitaux, comme celui de Kaiser, se plaignent des retards dans la livraison de la drogue fournie à contrecœur par les laboratoires fédéraux de Washington.

Tout a commencé en 1976, lorsque Bob Randall obtint enfin gain de cause : l'autorisation de fumer légalement ses soixante-dix cigarettes de marijuana roulées industriellement et contenues dans une boîte cylindrique sur laquelle il est inscrit : « ne pas dépasser la dose prescrite ». Bob évite de fumer dans un établissement public : « cela intrigue les restaurateurs et indispose les clients », dit-il.

Bob Randall fut le premier Américain à fumer légalement de la marijuana pour raisons de santé ; les médicaments disponibles ne parvenaient pas à soigner son glaucome, une maladie grave du globe oculaire. Il risquait de perdre la vue avant l'âge de trente ans. Discrètement, ses médecins lui avaient conseillé d'essayer l'herbe afin d'éviter une opération chirurgicale hasardeuse.

Tout se déroula sans incident pour Bob, jusqu'au jour de printemps où les deux arbustes dans son jardin donnant sur la rue dépassèrent le sommet de la palissade. Pour des raisons économiques, Bob avait décidé de faire pousser lui-même son propre médicament. Bob fut arrêté. Il décida de se battre. Il découvrit un épais rapport, réalisé par l'Office fédéral de la santé, décrivant les bienfaits de la marijuana dans des cas analogues au sien. Bob intenta un procès et le gagna.

Bob ne s'arrêta pas là. Il démissionna de ses fonctions de professeur de littérature comparée pour fonder l'Association militante du traitement au cannabis dont il fut et demeure le président et le seul membre. Il travaille avec les différents responsables de la recherche sur les effets thérapeutiques de la marijuana et contribue ainsi à légaliser la marijuana en Californie.

La Californie conteste les valeurs de la médecine traditionnelle. Un sondage national de 1978 signalait que 44% du public américain n'accorde plus la même confiance à la profession médicale. Pourtant, en 1980, les dépenses médicales américaines occupaient la seconde place, après l'industrie alimentaire, précédant largement les dépenses de la défense. En trente ans, elles passent de douze à deux cent six milliards de dollars, une progression cinq fois supérieure au taux de l'inflation.

Le traitement du cancer représente une part importante du gâteau. Le nombre de personnes qui en vivent surpasse le nombre de celles qui y succombent. En moyenne, un patient atteint d'une tumeur maligne dépense vingt-cinq mille dollars pour se soigner. *Business Week*, le premier journal économique américain, parle du cancer comme de l'affaire la plus rentable du pays.

Les praticiens de la *Holistic Health*, cette nouvelle médecine douce, la définissent comme une attitude, la volonté qu'a l'individu de se prendre en charge et d'assumer la responsabilité de sa maladie en reconnaissant qu'elle est la conséquence d'un choix. Le bien-être résulte d'une harmonie, d'un équilibre entre les besoins du mental et du physique. La qualité se substitue au concept de quantité. Le traitement a une fonction curative, mais aussi et surtout préventive. Les nouveaux praticiens incluent dans leur approche un élément de spiritualité et de compassion. Une revue professionnelle de chirurgiens-dentistes de Los Angeles citait dans l'un de ses articles récents une pensée de Teilhard de Chardin : « L'amour unit les éléments de l'Univers, il est l'agent de la synthèse universelle. » Le patient influe sur le cours de sa maladie, il en est l'auteur. Il est son propre médecin.

Cette nouvelle approche de la médecine, née en Californie, se répand au niveau national. Une conférence sur la santé à Washington en 1978 est intitulée : « *Holistic Health,* une pratique de l'individu pour l'individu. » Elle fut organisée par les principaux organismes officiels de santé publique à l'échelon fédéral. Le personnel spécialisé de la Maison-Blanche s'y était joint. Ce symposium d'une semaine réunissait hommes d'affaires, sociologues, futurologues, psychothérapeutes de disciplines diverses, maîtres spirituels, guérisseurs. John Vasconcellos, parlementaire californien célèbre par ses écrits sur l'application des principes du Nouvel Âge à la législation californienne, ouvrit ces séances de débats où l'on parla du développement des centres *holistic,* des découvertes sur le potentiel de l'hémisphère droit du cerveau, du yoga, de la musique et de ses effets sur les états de conscience, des approches thérapeutiques corporelles, de la visualisation. Wallace Ellerbroek, chirurgien de formation, aujourd'hui psychologue, fit part de ses expériences auprès de ses patients. Il leur avait appris à accepter la maladie pour s'en débarrasser. Il évoqua des cas d'acné chronique où les malades devaient assister à l'apparition d'une nouvelle pustule sans porter le moindre jugement négatif. Se regardant chaque matin dans le miroir ils devaient dire sur un ton neutre : « Eh bien, bonjour bouton, je t'ai choisi, te voici maintenant là, à ta place. » Les résultats furent foudroyants. La plupart se débarrassèrent définitivement de la maladie en quelques semaines. Ellerbroek commenta le miracle en expliquant que l'attitude négative du sujet avait favorisé la persistance de l'acnée. Si les malades contribuaient ainsi au développement des troubles physiques, ils pouvaient aussi, et à volonté, opter pour la santé.

« La guerre est finie, les médecins nous écoutent », proclama en 1978 l'écrivain Norman Cousins, aujourd'hui conseiller auprès de la faculté de UCLA à Los Angeles. Il avait raconté avec brio, dans la très prestigieuse revue de médecine de Nouvelle Angleterre publiée à Boston, sa singulière guérison d'une forme de paralysie considérée comme incurable [1]. Pour tout traitement, il avait utilisé de la vitamine C en intraveineuse et... le rire. Il se projetait pendant plusieurs mois la collection complète des films des Marx Brothers et celle de la caméra invisible. Il passa ainsi quatre mois, immobilisé sur son lit, à rire à gorge déployée. Dix-sept revues médicales reproduisirent l'article et trente-quatre écoles de médecine inclurent son cas exemplaire dans leurs traités.

Ces conférences sont aujourd'hui quotidiennes dans les principales villes de Californie. Elles commencèrent en 1971 lorsque les deux universités de Standford et de UCLA se réunirent pour proposer un forum sur le thème « Le rôle du mental dans la maladie ».

Ce forum se tint au Waldorf-Astoria de New York sous le haut patronage de la Blue Cross, Blue Shield : l'équivalent privé de notre Sécurité sociale.

Depuis deux ans d'ailleurs les principales compagnies d'assurances américaines suivent la tendance de cette orientation

1. *La Volonté de guérir,* Le Seuil, 1980. *(N.d.E.)*

nouvelle. Elles couvrent à 100 % les frais de voyage des Indiens des réserves navajos d'Arizona, en pèlerinage auprès de leurs sorciers guérisseurs.

En 1972, Rick Carlson, sous l'égide du gouverneur de Californie, Jerry Brown, crée le *Council on Wellness,* une Commission d'État chargée de propager le concept du « Bien-Être ».

L'administration hospitalière adoucit ses structures d'accueil. Dans les cliniques d'accouchement de San Francisco, les parents de la future mère sont invités à retrouver d'autres parents dans des salles confortables où, ensemble, ils écoutent de la musique, partagent leurs repas et visitent en groupe les mères sur le point d'accoucher. La majorité des hôpitaux californiens ont adopté les techniques du médecin français Frédéric Leboyer. L'enfant naît dans une atmosphère tamisée, il est accueilli avec douceur, massé, placé dans un bain à la température de son corps. En 1978, Leboyer fut invité à exposer ses vues lors d'une conférence à Los Angeles organisée par la veuve d'Aldous Huxley.

L'hôpital Kaiser de San Francisco est la plus moderne unité hospitalière de la ville. Il offre aux patients les prestations normales d'un hôpital bien équipé. En franchissant les doubles portes d'entrée de verre fumé, j'accède à un univers insolite. Lumières douces tamisées. Synthétiseurs aux accents célestes : *Oxygène* de Michel Jarre, *Prélude pour un espace de paix* de Steve Halpern... en quadriphonie tempérée. « Les cellules du corps sont réceptives aux vibrations sonores », commente William Tiller ; il dirige le service de la recherche scientifique de Standford. « Chaque molécule de notre corps est en liaison avec le monde extérieur par une certaine fréquence sonore. »

Les murs des couloirs calfeutrés sont tendus d'un tissu indien orange, propice à la méditation. Dans chaque chambre, peinte d'un bleu océan, on a épinglé de vastes affiches représentant des scènes de la nature, belles, allusives. Partout des plantes vertes géantes. Les infirmières et médecins que je croise au passage me sourient. Sur un macaron épinglé à leur blouse, il est inscrit : « Croire c'est permettre le miracle. »

En bas, dans le vaste hall de marbre rose, une affichette a attiré mon attention. On peut y lire :

« Pour le bien-être de nos patients, notre hôpital utilise sans discrimination les approches classiques de la médecine moderne et celles de la *Holistic Health*. Notre intention est d'humaniser l'univers hospitalier et d'adoucir le séjour de nos malades.

« Chacun de nous, patients et médecins, sait qu'au-delà des apparences de ce décor paisible l'amour irradie chaque membre du personnel. Personne n'est hiérarchiquement supérieur. Titres et fonctions n'ont aucun sens. Ce qui compte c'est l'ouverture du cœur, l'expression de la tendresse dans nos tâches quotidiennes. Le patient est considéré comme un être humain. A tout moment, il peut exprimer ses besoins, ses émotions, la peur, la tristesse, la colère, la solitude. Avec sérénité, il assume la responsabilité de sa maladie, nous assumons la responsabilité de nos soins.

« Chacun dans notre équipe est directement impliqué dans le bien-être de ceux que nous avons pour mission de soigner.

« Nous utilisons tout ce qui est approprié pour apporter une aide aux patients : l'écoute, l'orientation, le conseil, l'humour, le rire, le soutien. Tout ce qui a pour but de démystifier la maladie.

« Pour apporter plus de joie à la routine hospitalière, nous nous déguisons une fois par mois. La plupart des patients valides se maquillent eux-mêmes s'ils le souhaitent.

« Avant de prendre ses fonctions, notre personnel se recueille et médite ensemble. Les patients sont invités à se joindre à ce groupe. Il est fréquent que l'un des membres de notre équipe reste simplement au chevet d'un malade en lui prenant la main, sans parler.

« L'amour partagé ici dissipe la peur et la solitude. Nous

l'exprimons à chaque instant de notre activité. Souvent, médecins et infirmières observent une courte pause pour se prendre dans les bras et s'embrasser.

« Nos patients sont nos maîtres. Ils nous apprennent à vivre, ceux qui vont mourir surtout. Ici, on peut mourir dignement, compter sur le soutien de l'autre. Nous offrons au mourant une présence humaine afin de l'aider à franchir le pas au seuil de ce long voyage... Car la mort est une expression de la vie. »

L'hôpital Kaiser a aussi pour caractéristique d'avoir adopté certaines des techniques de la *Holistic Medicine*...

Par le *Biofeedback*, le patient apprend à connaître ses réactions corporelles et à les modifier.

Des électrodes branchées sur le corps et reliées à un appareil ultrasensible informent le sujet de son intensité musculaire, de sa température épidermique, de ses pulsations cardiaques, de son rythme cérébral.

Dans le cas de tensions musculaires, par exemple, le patient apprend à détecter ce qui, dans son comportement, les provoque. Dans un cas de migraine chronique, l'individu apprend à décongestionner les vaisseaux sanguins responsables de la douleur en provoquant mentalement un sentiment de chaleur dans ses membres.

Le docteur Sterman du Veterans' Hospital de Los Angeles enseigne à ses patients épileptiques comment déclencher une fréquence d'ondes cérébrales, dites alpha, pour apaiser et maîtriser les crises. Je me suis prêté à une expérience semblable à l'université de San Francisco où les chercheurs étudient la synchronisation des ondes alpha émises par les deux hémisphères du cerveau. Trois heures, je suis resté dans l'obscurité calfeutrée d'une pièce minuscule avec des électrodes sur le corps et la tête afin de transmettre et de reproduire des courbes alpha sur du papier millimétré. L'état de conscience alpha est celui de la détente et de la méditation. Il favorise la créativité. Toutes les sept minutes, une voix m'informe par l'interphone des consignes à suivre. Chaque fois que je le décide, je passe du bétha en alpha. Il est possible d'influencer à volonté les fréquences cérébrales.

A l'Institut neuropsychiatrique de San Francisco, les docteurs John Millet et Phil Huston entraînent un groupe de pilotes de ligne à synchroniser leurs ondes cérébrales pour accroître leurs facultés d'attention et d'écoute.

A Standford, des expériences semblables furent menées sur la célèbre médium-guérisseuse Olga Worral. Elle fut reliée à un appareil de *Biofeedback*. Dans une autre pièce, on avait installé un patient lui aussi couvert d'électrodes. Chaque fois qu'Olga émettait des « ondes de guérison » dans sa direction, le *Biofeedback* branché sur le malade enregistrait des variations.

Quelques écoles primaires utilisent le *Biofeedback* dans leur enseignement. Nancy Adery, professeur de sciences naturelles à Sacramento, utilise le *Biofeedback* simultanément à la visualisation. Après avoir décrit aux enfants les principes de la circulation sanguine, elle leur demande de fermer les yeux et de compter à rebours de dix à zéro. Une fois détendus, les élèves explorent mentalement l'intérieur de leurs artères, suivent l'itinéraire du sang et de l'oxygène des poumons au cœur, réchauffent leurs membres. Les repères sonores du *Biofeedback* les renseignent sur leur autonomie de contrôle au cours de ce périple.

Les luxueux salons de soins esthétiques de Berverly Hills, à Los Angeles, utilisent également le *Biofeedback* pour effacer les rides du visage.

Le « langage du corps » est au centre de la *Holistic Medicine*. Une posture peut indiquer un traumatisme émotionnel, l'origine d'une maladie. Plusieurs techniques, dans ce cadre, s'inspirent des travaux de Wilheim Reich. Selon sa théorie, les comportements psychologiques ne sont pas séparables d'attitudes corporelles. La bioénergie créée par Alexandre Lowen et l'« intégration structurale » par Ida Rolf en sont des applications pratiques. Le stress émotionnel se traduit par une certaine posture. Selon Lowen, le mental et le physique forment une unité. Il utilisa la bioénergie sur ses patients schizophrènes, réduisant ainsi leurs tensions par des exercices physiques accompagnés d'une respiration amplifiée et d'essais de tremblements convulsifs. C'est d'Ida Rolf que vient le *Rolfing,* une technique consistant à masser le sujet en profondeur parfois même jusqu'à la douleur. Le corps retrouve son équilibre profond et le patient peut explorer les émotions à l'origine de son trouble physique.

On peut être formé à cette technique, comme je l'ai moi-même été par Jack Pinter un disciple d'Ida Rolf. Plusieurs fois je suis parvenu, en amateur, à libérer « mes » patients de traumatismes émotifs en manipulant des régions corporelles négligées : le bassin, l'intérieur de la bouche, les coutours du genou.

William Schutz, psychologue à Esalen, associa le *Rolfing* et la visualisation. Massant ses clients, il leur demandait de recourir à des images symboliques pour plonger dans les souvenirs oubliés de l'enfance, afin d'éclaircir leurs conflits et d'établir l'association entre leurs troubles et leurs anomalies physiques. La visualisation est l'outil de rêve de la *Holistic Medicine.* On demande à l'individu d'appréhender son inconscient. Le thérapeute s'efface, il n'est qu'un guide. Il indique un itinéraire à suivre. Il suggère un décor de départ. Une prairie ou une montagne, par exemple. Il pourra demander au sujet de descendre les marches d'un escalier imaginaire dans la pénombre de l'inconscient, de visualiser un cordage en bas des marches et de le suivre pour voir où il conduit. Ou encore, de marcher un moment dans un tunnel à l'extrémité duquel scintille une lueur, et de décrire, sans les inventer les images surgies à l'autre bout. Contrairement à ce qu'il se passe dans l'hypnose, le client reste conscient de son périple. Il est l'auteur de son histoire. On lui conseille d'emporter avec lui un objet de cristal imaginaire aux vertus magiques, qui dissipera l'effroi éventuel d'une découverte ou l'aidera à élucider un message ou encore précisera un visage aux contours flous.

La technique la plus singulière est le *Psychic Healing*. Les *Psychic Healers* sont des individus dotés de pouvoirs surnaturels. Ils agissent à distance et peuvent établir un diagnostic. Au cours d'un colloque sur le thème de la *Wellness* (le bien-être), je rencontrai la célèbre guérisseuse de Californie du Sud, Rosalynn Bruyère. Trois mille personnes s'étaient rassemblées sous le chapiteau du palais des Congrès de Pasadena. Sur le podium, une jeune femme, blouse de soie, pantalon moulant, talons aiguilles, a posé ses doigts manucurés sur la tête d'une volontaire. Elle explique d'une voix sensuelle comment déceler les « auras » d'un patient. Sa main s'immobilise. « Ici je distingue une lueur orangée, de la couleur de ma blouse, l'orange gourou – ainsi l'appelle-t-on dans la profession. » Dans la salle un auditeur lève le bras et annonce qu'il distingue en effet une sorte de halo, flottant autour de la volontaire assise sur scène. Il n'arrive pourtant pas à discerner de couleur particulière. « Ne vous demandez jamais de quelle couleur est l'aura, répond-elle, car votre intellect prendra le dessus et dira : " Mais qu'est-ce qu'une aura ? " Il faut poser la question ainsi : " S'il y avait une aura, de quelle couleur serait-elle ? " Immédiatement alors surgiraient des flashes de couleur. »

Aujourd'hui, Rosalynn anime le *Healing Light Center* à Glendale où elle est assistée par dix-neuf guérisseurs qu'elle a personnellement formés. Cent soixante patients fréquentent son centre chaque semaine.

Rosalynn est habitée par deux maîtres insolites : l'un, une femme, est médecin de campagne ; l'autre, Chang, est chinois. Ils sont morts tous les deux. Chang depuis quatre mille ans. « Chang a un fort accent chinois, m'explique Rosalynn, toutefois je saisis très bien ses instructions. L'université de UCLA a confirmé l'existence de Chang dans mon esprit. Chaque fois que la voix de Chang se substitue à la mienne les aiguilles électroniques indiquent une courbe spécifique. Nous traitons surtout les cas où la médecine conventionnelle s'avère impuissante. Je ne suis pas contre la médecine traditionnelle. Je veux collaborer avec les médecins. C'est la seule manière de faire progresser la médecine. »

De plus en plus, les médecins californiens s'inscrivent aux cours donnés par Rosalynn. Elle est conviée dans les hôpitaux de Los Angeles. « Les pratiques de Rosalynn sont inexplicables, m'a dit le chef de service de pédiatrie du Children's Hospital. Nous lui avons exposé nos cas les plus complexes, et invariablement son diagnostic confirme celui de nos spécialistes. Elle nous apporte quelque chose que nous ne savons pas et dont nous avons besoin. Comme une autre dimension. »

Rosalynn Bruyère appartient pleinement à ce mouvement du Nouvel Age de la *Holistic Medicine.* Elle estime, elle aussi, que les patients ont délibérément choisi leurs maladies. « Bien sûr, je peux guérir quelqu'un du cancer mais si nous ne trouvons pas la raison psychologique qui est à l'origine, six mois plus tard, le patient fera autre chose à son corps... Une crise cardiaque par exemple. Il nous faut les aider à reconnaître leur responsabilité et les guider vers un autre choix... S'ils le souhaitent. » Rosalynn Bruyère va jusqu'à affirmer : « C'est pourquoi nous connaissons tant de guérisons avec le cancer, cette maladie révèle une intention de changer de direction dans la vie. » Une lacune toutefois à sa méthode. « Les arthrites, avoue-t-elle, ça, je n'y arrive pas. » Avant de nous séparer, je lui demandai la couleur de mon aura. « Jaune, me dit-elle. C'est parce que vous posez des questions. C'est la couleur de l'intellect. »

Andy avait dix ans lorsqu'il rencontra pour la première fois le docteur Marty Rossman. Depuis l'âge de cinq ans il souffrait de crises d'asthme chronique. Il avait consulté les meilleurs spécialistes. Son état pourtant demeurait stationnaire. Au cours de leur première entrevue, le docteur Marty Rossmann décrivit à son jeune patient le détail du fonctionnement de ses bronches. Il lui prescrivit de provoquer pendant une semaine à raison d'une heure par jour une crise chaque fois plus aiguë. Pour ce faire, il devait visualiser ses bronches, les voir se contracter, et reproduire cette image mentale par un dessin chaque fois plus précis. La semaine suivante, comme convenu, Andy revit son médecin et lui exprima ses exaspérations à aggraver volontairement ses crises pendant sept jours. Ils en parlèrent longuement et Andy prit conscience de sa responsabilité dans sa maladie. Au cours des trois séances suivantes, les consignes furent modifiées. Andy devait désormais visualiser la dilatation de ses bronches. Le but consistait à convaincre Andy que, s'il avait réussi à aggraver son état, il pouvait, inversement, l'améliorer.

Nancy, elle, avait tout essayé pour calmer ses douleurs abdominales. Examens et radios ne révélaient aucune lésion organique. Marty Rossman lui demanda de rencontrer un guide, intérieur, imaginaire, susceptible de la renseigner sur la nature et la raison de ses douleurs aiguës. A l'écoute de son inconscient, elle devait attendre la visite de son guide. Il ne se passa rien pendant trois séances, et Nancy frustrée accablait son thérapeute, lui reprochant cet échec. Lors de la quatrième séance, enfin, l'image floue apparut. Puis une silhouette se précisa : un fœtus. Elle fit part de son effroi à Marty Rossman. Il lui demanda

125

d'abord d'accepter son angoisse puis d'entamer le dialogue avec son visiteur ; de l'interroger sur les raisons de sa présence. « J'exige ta vie en échange de la mienne », lui répondit le fœtus sans hésitation. Nancy comprit que ce personnage insolite était l'enfant qu'elle avait porté jusqu'à son cinquième mois de grossesse. Elle avait déjà perdu un premier enfant. Par cet exercice de visualisation, elle exorcisa le fœtus. Désormais, elle ne craignait plus son existence.

Marty Rossman est diplômé de l'université de Californie à Los Angeles. Il a pratiqué pendant trois ans la médecine traditionnelle. Après un stage auprès d'un praticien de la nouvelle médecine, il retrouva son cabinet et modifia ses méthodes. « La maladie est une évasion. C'est une intention de dépaysement commandée par l'inconscient. Mourir est parfois la seule manière de triompher d'un conflit. Le patient pense être la victime des événements alors qu'il en est à l'origine. Pour la *Holistic Health,* la maladie comporte toujours un message positif. Le patient, s'il l'accepte, peut en tirer une information et rectifier son comportement en conséquence. La maladie ainsi conçue peut lui ouvrir de nouvelles voies. »

Carl Simonton s'est spécialisé dans le recours à l'imaginaire pour vaincre le cancer.

Radiologue au début de sa carrière, il fit une étrange découverte. Le traitement par des radiations, la « bombe au cobalt », était sans effet sur ses clients japonais, nombreux en Californie. Lors d'une séance de rêve éveillé avec ses patients japonais, il comprit l'association inconsciente entre la « bombe au cobalt » et la bombe d'Hiroshima. De ce moment date la thérapeutique Simonton qu'il pratique avec Stéphanie, son épouse, dans leur centre de Fort Worth, au Texas, où les malades au stade terminal apprennent à se soigner eux-mêmes du cancer en utilisant la visualisation parallèlement à un traitement conventionnel.

Les Simonton, comme d'autres médecins, attribuent un rôle fondamental aux défenses naturelles de l'organisme : les globules blancs sont l'ennemi numéro un des cellules cancéreuses. Par l'imaginaire, le patient peut réussir à accroître l'efficacité des globules blancs. Car, pour les Simonton et les médecins du Nouvel Age, le cerveau et le système nerveux perçoivent de la même manière une réalité concrète et l'image mentale de cette même réalité. L'organisme acceptera sans sourciller l'information transmise par des images du mental. Nous devenons ce que nous croyons.

Avant de visualiser, le patient doit se débarrasser de ses préjugés négatifs à l'égard du cancer. Le cancer signifie la mort. Cette psychose du mourant est alimentée par les préjugés de son entourage et de la presse. La formule consacrée est de dire : « Il est mort des suites d'une longue maladie. » On évite de nommer le cancer. On parle de l'héroïsme du mourant. « Il a lutté jusqu'à la limite de ses forces. » On ne dit pas : « Il a réussi à différer sa maladie. »

Dans la première formulation, on perçoit le cancer comme un mal incurable. Dans le second cas, on dit : « La mort n'est pas inévitable. » Dès leur arrivée à Fort Worth, les Simonton informent brutalement leurs patients de la gravité de leur mal. Ils mourront peut-être. Mais ils ont aussi une chance de survie.

Les Simonton considèrent qu'il existe un profil psychologique type du cancéreux : l'incapacité à exprimer ses sentiments négatifs, la propension à la rancune, l'habitude de s'apitoyer sur son sort, l'incapacité à s'engager dans une relation à long terme. Enfin, et surtout, le mépris de soi-même.

Dans son ouvrage *Vous pouvez lutter pour vivre,* le docteur Le Shan décrit le cancéreux comme quelqu'un qui souffre d'une perte ensevelie dans son passé, une perte jamais exprimée. Une nouvelle douleur dans le présent ravive et intensifie cette détresse. Le sujet va vivre une rupture présente comme une répétition de l'ancien traumatisme. Il se sent vaincu avant même d'aborder cette nouvelle épreuve. Ce refus de modifier son attitude lui interdit d'affronter le cancer comme une épreuve dont il peut triompher. Le processus de l'abandon est entamé. Inconsciemment, le sujet attend que la mort le libère. En un sens, il est déjà mort. Les Simonton estiment que le cancer est la traduction dans le système cellulaire de cette défaite du mental.

La thérapie des Simonton comporte deux phases. Au cours de séances de groupe, Stéphanie Simonton apprend aux malades à confronter leurs émotions négatives.

« Cette phase est d'une intense réalité dramatique. Il est impératif que le malade admette que son blocage émotif entrave son potentiel de guérison. Ce n'est plus seulement une question de bien-être. C'est une question de vie ou de mort.

« Le premier réflexe de nos patients consiste à saboter cette première phase de la thérapie : " Comment, disent-ils, puis-je accepter de réduire ma tumeur par un exercice mental ? " Cette réaction est fréquente chez nos patients. Elle témoigne d'une confusion entre la réalité concrète de leur mal et l'objectif à atteindre : une nouvelle réalité, positive. »

Ainsi Ann, une des patientes, raconta cette histoire : « J'appris que j'avais un cancer du sein. Mes rapports avec mon mari s'aggravaient. J'essayais de lui communiquer mon angoisse. Il se dérobait. Il avait une maîtresse. Nous nous disputions. J'éprouvais l'étrange sensation de ne plus appartenir à mon corps. Je me détachais de tout, même de mes enfants. Je restais prostrée, dans la pénombre de ma chambre. Un jour, sur les conseils de Stéphanie Simonton, je tentai une expérience. Je décidai de déplacer mon lit, dans la pièce voisine, mieux éclairée, d'où je pouvais voir l'extérieur... »

Lorsque les blocages psychologiques sont éclaircis, les malades passent en classe de visualisation, trois fois par jour, pendant une heure, aussi longtemps qu'il le faudra. Carl Simonton anime cette seconde phase.

Pour donner à l'imaginaire toutes ses chances, il faut d'abord savoir se détendre. Ann aimait cette phase préparatoire : « Je retrouvais mon corps. Une sorte de paix. »

Grâce à ces exercices de détente, les patients apprennent à faire de nouveau confiance à leur organisme. Le corps redevient une source de plaisir, riche en messages. La détente aide à dissiper la peur paralysante. Pendant quelques minutes, le cancer cesse d'être une obsédante réalité. Puis Carl Simonton invite ses patients à recourir à des symboles pour composer un scénario efficace. Après s'être complètement détendue, Ann projette sur son écran mental le film qu'elle a composé avec l'aide de Carl Simonton. Soumise à une chimiothérapie, Ann concentre toute son attention sur les effets du traitement sur ses globules blancs. Le médicament est symbolisé comme une redoutable substance détergente. Par ailleurs, à l'aide de son imagination elle transforme au fur et à mesure de la visualisation ses globules blancs en requins voraces. Les cellules-squales aux dents acérées poursuivent les cellules atteintes du cancer ; celles-ci sont représentées comme des proies vulnérables. Les requins les rattrapent et les dévorent.

Seule Ann peut décider du moment précis où finira cette chasse qui est la sienne. Carl Simonton, par des questions répétées, vérifie qu'il ne reste plus aucun poisson cancéreux imaginaire sur l'écran mental du patient. Alors, seulement, il demande au malade d'interrompre la séance. Les requins redeviennent de simples globules blancs jusqu'à la prochaine séance.

Carl Simonton est attentif aux sabotages inconscients de ses malades. « Ils sont fréquents et parfois difficiles à détecter, dit-il. Lorsque nous avons commencé, nous n'étions pas assez vigilants.

La tendance naturelle du patient est de sous-estimer la fonction défensive des globules blancs ou du traitement conventionnel appliqué ; il leur accorde une représentation symbolique trop faible pour être efficace. Nous avons corrigé le tir en constatant l'absence de progrès de l'un de nos patients. Son état ne s'améliorait pas. Cela nous semblait suspect. Nous lui avons posé la question à la fin d'une séance : " Comment vous représentez-vous votre tumeur ? " " Un gros rat noir ", nous répondit-il ! Il décrivit ensuite le traitement chimique comme d'inoffensives pastilles absorbées par le rat. Elles étourdissaient un moment l'animal mais ne le tuaient pas. Avec le consentement de notre client, nous avons accru l'impact symbolique du médicament.

« Une forme plus subtile de sabotage consiste à représenter les globules blancs par une image symbolique incomplète. Malgré des tentatives répétées, l'une de nos clientes ne parvenait pas à faire surgir l'image des requins. Elle n'en voyait que les dents, immenses et acérées. Au cours des séances préalables de psychothérapie, notre malade n'avait pas réussi à clarifier un sentiment de colère. C'est lui qui compromettait le processus de visualisation.

« Les couleurs ont aussi une signification, poursuit Carl Simonton. Au début de leur thérapie, la plupart des malades choisissent le noir ou le rouge pour dépeindre leurs cellules cancéreuses. Ce choix présente un danger : ces couleurs ont une charge émotionnelle trop forte et témoignent des préjugés du sujet à l'égard de son cancer. En optant pour le gris, il neutralise cette conviction. »

Chaque semaine, le cancéreux de Fort Worth illustre par un dessin l'évolution du combat symbolique des globules blancs contre les cellules cancéreuses. Il commente ensuite à voix haute le choix des images. Si cela s'impose, Carl et Stephanie Simonton corrigent le tir ou remplacent les symboles : un chevalier peut remplacer le requin...

Carl Simonton a publié récemment le résultat de trois années de traitement à Fort Worth. Tous ses patients étaient considérés comme incurables par la médecine traditionnelle. Leur durée moyenne de vie n'excédait pas douze mois. Ce rapport de Carl Simonton concernait cent cinquante patients. Soixante-trois d'entre eux sont toujours en vie. Les autres ont vécu le double des prévisions les plus optimistes. « La longévité n'est pas l'unique critère, précise Carl Simonton. C'est la vie qui importe. 50 % de nos patients ont continué leur activité professionnelle normalement. »

On a reproché aux Simonton d'entretenir chez le patient un espoir utopique, en le rendant responsable de l'évolution de son cancer. Carl Simonton répond : « Je ne donne jamais aucune garantie de guérison ; je leur explique qu'une attitude positive peut avoir une conséquence radicale. Je rappelle souvent à mes patients l'éventualité d'un échec. Au cours de nos rencontres de groupe, la mort est évoquée comme une issue possible. »

La première fois que j'ai voulu rencontrer la célèbre thérapeute des mourants, Élisabeth Kubler-Ross, elle donnait une série de conférences en Europe. je la retrouve enfin à San Francisco. Difficile d'obtenir une place assise au théâtre Lincoln. Élisabeth Kubler-Ross fait salle comble partout où elle se déplace. Elle est la première en Californie à avoir organisé des séminaires avec des mourants et leurs familles, dans les hôpitaux, à domicile, et maintenant dans son centre thérapeutique d'Escondido près de San Diego, en Californie du Sud.

Digne, elle est assise derrière la vaste table de bois, seul décor de cette scène sur laquelle, à même le sol, on a disposé trois vases de fleurs blanches. A droite de la scène, vêtu d'un poncho, son

jeune assistant s'est rapproché du micro. Sa voix est douce :
« Fermez les yeux, prenez contact avec un lieu où vous vous
sentez parfaitement à l'aise, imaginez un paysage paisible où vous
avez été heureux. » Une jeune fille maigre à ses côtés traduit ses
mots avec des signes pour les spectateurs sourds éventuellement
présents ce soir. « Lorsque vous vous sentirez parfaitement
détendus et en paix, nous allons émettre un son, votre son, que
j'accompagnerai à la flûte. » Ce sera le ohm tibétain.

Long moment de silence puis le son, que l'on prononce pendant
l'expiration en arrondissant les lèvres : « Ohm... » Ohms féminins, ohms masculins, ils montent des six cents fauteuils pas très
confortables de ce théâtre de San Francisco. C'est une méditation
collective dans la même ferveur d'écoute. Délice de la flûte grave,
mélancolique, tout contre le micro. J'ouvre les yeux, le musicien
est debout, bien droit, les yeux clos. La jeune fille à ses côtés
mime le rythme abstrait de l'instrument. Elle a croisé les mains
au-dessus de sa tête, elle accompagne par le geste la mélodie,
mouvement au ralenti d'un oiseau en équilibre contre le vent,
pour ceux qui ce soir, dans la salle, ne peuvent que voir. Élisabeth
Kubler-Ross est assise immobile sur sa chaise, elle a posé ses
mains sur ses genoux, paumes ouvertes face au plafond. Ses yeux
sont grands ouverts. Je ferme les miens.

La flûte s'éteint. Les " ohms " aussi. Court silence. Voix
féminine au micro, anglais parfait avec un fort accent suisse
allemand, celui d'Élisabeth Kubler-Ross.

« Ne bougez pas, conservez les yeux fermés. Laissez aller et
venir vos images, vos pensées, vos idées sans les juger. Enfoncez-
vous profondément dans votre corps. La terre vous attire vers son
centre. Vous sentez maintenant l'attraction de notre planète dont
vous faites intégralement partie. Vous ne sentez plus votre poids.
Vous êtes authentiques, dans l'instant éternellement renouvelé.
Calmes, tranquilles, beaux, généreux, tendres. Unis à tous ceux
que vous aimez et qui vous aiment. Vous formez un seul être avec

tous les autres présents dans cette salle, présents dans l'univers. Prenez maintenant contact avec les personnes que vous aimez, mortes ou vivantes. Dites au revoir à celles avec qui vous avez partagé des émotions fortes, échangé des paroles, des regards, des rires, des pleurs. Dites au revoir à votre enveloppe corporelle, vous êtes de purs esprits. Vous êtes maintenant morts, avant l'heure. Libres, pour vivre... Ouvrez les yeux. Bienvenue, vous êtes vivants. »

Elle poursuit : « Il est difficile d'accepter la mort et ce sera toujours ainsi tant que nous vivrons même si nous avons appris à reconnaître que la mort est un instant de la vie. Nous devons parvenir à l'envisager sous un angle différent, à l'intégrer à chaque instant de nos vies afin qu'elle ne nous apparaisse plus comme menaçante mais comme une compagne de tous les jours ni injuste, ni grotesque, ni proche, ni lointaine. Ce n'est ni une fin ni un salut.

« Au nom de la mort nous refusons de vivre. Travailler avec les mourants, les assister, les écouter, apprendre d'eux l'enseigne-ment de la vie n'est pas une tâche morbide et déprimante. Elle peut même devenir la plus gratifiante expérience qui soit. J'ai vécu plus intensément grâce aux mourants.

« Au début de ma carrière, il y a quinze ans, en Californie, j'ai rencontré une vive opposition. Les médecins refusaient de nous laisser rencontrer les mourants. Un médecin me demanda même, un jour, avec colère : " Mais quel plaisir éprouvez-vous à demander à un jeune homme de vingt ans ce qu'il ressent alors qu'il ne lui reste plus que deux semaines à vivre ? "

« La première fois que l'on m'accorda la permission, je reçus une cruelle leçon. Le malade m'accueillit avec chaleur. Je lui proposai de revenir le lendemain avec mon équipe afin que nous puissions tous ensemble profiter de la conversation. Le lende-main, je repassai. Il était trop faible pour parler. Il fit un énorme effort pour murmurer " merci d'avoir essayé ". Une heure plus tard, il était mort. Depuis, nous avons vu des milliers de patients au stade terminal. Chaque fois, nous leur demandons la permission d'enregistrer la conversation. Nous nous présentons : " Notre groupe comprend des membres du personnel hospitalier. " Il est important pour le malade qu'il comprenne combien son témoignage nous est utile. Le début du dialogue est toujours le même.

« " Bonjour, monsieur X, je suis le docteur Kubler-Ross, consentez-vous à nous parler pendant un moment ? Nous sommes venus vous voir pour en savoir plus sur vous-même. Êtes-vous prêt à répondre à quelques questions. " S'ils acceptent nous leur demandons : " Quelle est la gravité de votre maladie ? "

« Les réponses varient. La plupart nous disent : " Je vais mourir ", d'autres éludent la question : " Vous voulez vraiment parler à une vieille femme mourante, vous qui êtes jeune et en bonne santé ? " Certains se plaignent de leur condition, de leur inconfort, de leur sort. Lorsque le patient y consent, ainsi que son médecin, nous poursuivons ailleurs l'entretien, dans une pièce. Derrière la glace sans tain, les étudiants de notre groupe et les médecins de l'hôpital suivent la conversation.

« Les patients le savent, nous les prévenons. Après chaque séance, le patient est reconduit dans sa chambre, et le séminaire se poursuit à chaud entre nous, avec mes étudiants.

« Ces séances sont éprouvantes. Certains déchargent leurs angoisses. La réunion devient une thérapie de groupe où nous faisons d'importantes découvertes sur nos préjugés à l'égard de la mort.

« A un certain stade de la maladie, le patient cesse de lutter. Il va mourir. Si on l'a aidé au cours de la période précédente, il atteindra un état de paix. Il aura exprimé sa colère, sa peur, ses griefs, son désarroi au cours des séances antérieures. Il est maintenant à l'heure du recueillement avant le long voyage. Le patient ne sollicite plus aucune aide. Il souhaite être seul.

Nos visites sont courtes. D'un mouvement des yeux, il nous invite à nous asseoir sur son lit, auprès de lui. Notre présence silencieuse l'accompagne, le réconforte, notre paix s'unit à la sienne.

« Ensemble nous sommes condamnés à vivre le présent. »

Comment l'enfant de neuf ans, de treize ans, éprouve-t-il l'obscurité de sa chambre d'hôpital, la nuit, lorsque les pas de velours se sont éteints derrière le rai de lumière sous la porte fermée. Comment ressent-t-il la solitude, l'abandon, l'injustice de son sort, la frustation de la colère ?

Comment vit-il l'humiliation des remarques, celles de ses camarades de son âge, lorsque la perruque couvrant son crâne chauve est emportée par un courant d'air quand il pénètre dans la cantine où sont déjà attablés tous les autres ?

Comment domine-t-il sa hantise des piqûres quotidiennes, son horreur des perfusions et des sondes ? Comment confronte-t-il sa douleur, sa confusion et la peine enfouie de ses parents désespérés ? A qui peut-il confier son étonnement et la peur de ses neuf ans alors qu'il sait qu'on ne lui souhaitera jamais l'anniversaire de ses dix ans… ?

En parlant. En communiquant avec d'autres enfants. A Tiburon, dans le cadre de l'Attitudinal Center for Healing fondé par Gerald Jampolswky, les enfants parlent aux enfants de leurs préoccupations de vivants.

Un an après mon séjour de deux mois à Esalen, date à laquelle je débarquai sur ce rivage, ma rencontre avec Gerald Jampolswky et ses enfants fut la plus intense de ce périple californien. Le docteur Gerald Jampolswky est diplômé de Standford et de Harvard. Il est docteur en médecine et en psychologie. Il est l'auteur de nombreuses thèses, de plusieurs ouvrages consacrés aux problèmes du comportement des adolescents, à la violence refoulée chez l'enfant, au recours à l'hypnose dans le traumatisme émotionnel, à l'application des techniques de *Biofeedback* dans le domaine de l'enseignement. « Et pourtant cela ne m'a rien apporté, dit-il, rien du tout. Sans répit je m'activais. En vain. Je traînais une sorte d'insatisfaction que j'essayai de compenser par le travail jusqu'à mon divorce après vingt années de mariage, jusqu'à... l'alcoolisme. Les enfants m'ont tout appris, ils animent ce centre, je suis leur employé. »

En 1975, il avait cinquante ans, Gerald Jampolswky fonda ce centre avec ses propres fonds. Il est maintenant financé par des œuvres privées. Il n'existait aucune structure d'accueil pour permettre aux enfants de s'exprimer face à la mort. L'immense succès du centre de Tiburon tient à la qualité de l'écoute de Gerald Jampolswky. Il refuse de comprendre, d'analyser, de conclure. Il est à l'écoute de tout, de l'immédiat, de l'instant de la peur, de l'amour ; l'instant de la mort, l'instant de la vie vécue par la voix de ses maîtres : les enfants. Dans leur langage spontané et imagé, ils racontent la maladie aux autres enfants.

Chaque jeudi, le centre de Tiburon s'ouvre au public pendant deux heures à l'heure du déjeuner. Nous nous sommes réunis dans la grande pièce carrée, celle où deux fois par semaine se retrouvent les enfants avec leurs mots, leurs jouets, leurs vastes cartons à dessins, leurs crayons de couleur. Derrière la baie vitrée de cette pièce éclairée, les mâts des voiliers balaient en cadence les collines de San Francisco. Nous sommes trente aujourd'hui. Des infirmières, des animateurs de centres semblables créés depuis 1975 un peu partout aux États-Unis ; un ami de Jampolswky en visite, deux enfants, Timmy et John, moi et mes carnets de note. Nous avons fermé les yeux, formé un grand cercle et uni nos mains pour laisser circuler le flux d'énergie et d'amour. Puis chacun à notre tour, nous nous sommes présentés et avons décrit la raison de notre présence. Deux heures plus tard, en nous séparant, nous avons observé le même rituel muet du cercle de solidarité.

– La meilleure manière d'en savoir plus est de laisser la parole aux enfants.

Gerry Jampolswky s'est tourné vers Timmy :

« Peux-tu raconter ton histoire, s'il te plaît ?

Timmy a douze ans, il est pâle, maigre, ses cheveux longs sont soyeux, ses yeux brillants. Il parle comme quelqu'un qui sait :

– Les médecins avaient décelé la présence de ganglions sur mon cou, une tumeur. Il m'a fallu une intervention chirurgicale puis on m'a fait des radiations. Je fus très intimidé la première fois que j'arrivai au centre. Je n'y connaissais personne.

Gerry le coupe :

– Timmy, pourrais-tu nous raconter comment tu as modifié ton attitude par rapport à ta maladie ?

– Je n'ai pas vraiment de conseils à vous proposer, enchaîne Timmy, mais il est certain que nous choisissons notre manière de réagir à la maladie. Vous pouvez choisir de ne pas l'accepter. Moi j'ai choisi de vivre avec elle, même si elle doit me tuer. J'ai utilisé une technique qui m'a aidé, dit-il en baissant la tête.

Gerry lui fait signe de poursuivre. Timmy reprend :

« Fermons les yeux. Toutes les cinq secondes, je vais vous demander d'inspirer profondément... OK. Maintenant encore une longue inspiration, et puis une autre... Merci. Maintenant, je voudrais que vous vous représentiez au sommet d'un escalier de quinze marches... Bien. Descendez maintenant une marche, puis la seconde, la troisième... la huitième... OK.

« A chaque marche vous vous sentez chaque fois un peu plus détendu. Arrêtez-vous un moment à la dixième. De là où vous êtes, vous apercevez, sur le palier au-dessous, un fauteuil confortable devant lequel est placé un poste de télévision... Descendez maintenant. Vous êtes sur la onzième marche. A la quinzième marche, vous êtes parfaitement détendu. Restez-y un moment puis prenez place dans le fauteuil. Allumez maintenant le poste en face de vous. Sur l'écran apparaît votre image de plus en plus nette. Observez bien : Vous êtes maintenant en parfaite santé, rayonnant. Poursuivez la vision de ce film et représentez-vous dans des situations différentes de votre vie quotidienne, détendu, heureux... Je vais maintenant énoncer une à une les lettres de A à G. A chaque lettre, vous allez vous sentir un peu plus conscient. D... Vous reprenez maintenant contact avec votre corps. G... Vous êtes maintenant pleinement conscient de vous-même et en harmonie avec l'environnement. Ouvrez les yeux. Merci.

– Merci, Timmy. Et papa, que pense-t-il de cette expérience de la maladie de Timmy ?

Le père de Timmy se redresse sur son siège.

– Le terme de victime est vraiment le mot clé. Au début, nous avons eu beaucoup de mal, Timmy et moi, à ne pas succomber à la tentation d'être des victimes du destin. Grâce au Centre et à l'énergie de ses participants, j'ai pu puiser à l'intérieur de moi-même les forces nécessaires pour transformer cette tragédie en un jeu. Après sa longue opération, Timmy avait perdu beaucoup de poids. Ce fut le moment critique où il me fallait adopter une attitude positive. Il avait l'air d'un affamé. Je l'appelais « Monsieur le Réfugié » chaque fois qu'il se laissait aller à redevenir une victime des événements. C'était pour moi la seule manière de dissiper l'angoisse de sa mort probable. Timmy avait pour tâche de s'occuper lui-même de sa maladie. Il avait le cancer comme d'autres enfants ont la rougeole. J'étais à ses côtés pour l'aider à lutter comme on aide un enfant à faire ses devoirs du soir.

John, le camarade de Timmy, est assis sur un fauteuil roulant. Il porte un chapeau.

– John fut notre meilleur professeur, reprend Gerry Jampols-

aussi. Alors, ensemble, ils décidèrent que Michael allait do
vant signer des autographes à ses camarades de l'école sous le
de Yul Brynner.

Jampolswky aide les enfants à se représenter, par la visua
tion, les parties saines de leur organisme triomphant des pa
atteintes. A onze ans, Greg dessinait sur une feuille quadrillé
bons et les méchants soldats, ses bonnes et mauvaises cell
Greg a survécu deux ans de plus. Greg fut l'un des onze enf
co-auteurs du recueil de dessins : *Derrière chaque nuage brill
arc-en-ciel*. Dans la préface, il est écrit : « Ce livre fut réalisé
des enfants comme nous, atteints du cancer et de la leucémie
aidant les autres nous nous aidons nous-mêmes. »

Les parents ne participent pas aux rencontres des enfants.
deux fois par semaine, à des horaires précis, les frères et sœurs
malades se retrouvent. Ensemble, ils évoquent leurs peine
leurs difficultés à communiquer avec les malades. Ils explor
leur culpabilité latente face à la maladie de leur frère ou sœ
Avant de se séparer, les yeux fermés, ils rassemblent dans
vaste poubelle imaginaire leurs craintes et leurs angoisses. Pui
rêvent qu'ils arriment la poubelle à un ballon gonflé à l'hélium.
ballon emporte leurs craintes et leurs angoisses, loin derri
l'horizon.

Depuis un an à tout moment du jour ou de la nuit, un enf
malade peut téléphoner au Centre et demander à parler avec
autre enfant. C'est ainsi que Bryan a rencontré Tom. Tous
deux avaient été amputés de la jambe droite. Ils avaient tous
deux douze ans. Tom habitait le Texas, Bryan habitait
Californie.

Bryan était l'enfant le plus actif du Centre. Souvent,
accompagnait le docteur Jampolswky pour parler de son canc
aux enfants des hôpitaux et des écoles. Il évoquait son optimism
sa joie de vivre. Il avait réussi à transmettre son rayonnement à s

wky. Il nous a beaucoup appris sur la vie. John, veux-tu parler ?

John hoche la tête. Il a des difficultés à coordonner ses
mouvements.

– D'abord, je demande à ceux qui ne me comprennent pas de
lever la main. J'ai un problème d'élocution... Personne ne lève le
bras ? OK. (Rires nerveux de l'assistance.) Je suis arrivé au
Centre il y a quelques mois.

John a en effet beaucoup de difficultés à s'exprimer. Il bégaye
et semble incapable de trouver un équilibre sur son fauteuil
roulant. On l'écoute dans un silence total.

« J'avais dix ans en 1973. Un jour on m'a fait des tests, dix par
jour pendant cinq jours. Ils ont bien fini par trouver ce qu'ils
recherchaient. (Il souffle et s'arrête un instant.) Ils m'ont ouvert
le crâne et en ont retiré une tumeur, la taille d'une balle de
base-ball. Pour ceux d'entre vous qui ne jouent pas au base-ball...
(Avec ses deux mains il fait un terrible effort pour montrer la taille
de la balle.) La tumeur était logée sous le bulbe cervical, le siège
de l'équilibre. Ils m'en ont sectionné une partie.

Il se tait. Un moment.

– Si tu es immobilisé sur cette chaise, c'est que tu ne peux pas
marcher, n'est-ce pas, dit Gerry.

– Si tu me laisses parler, je pourrai le leur dire moi-même,
reprend John en se retournant vers Gerry. (Rires frénétiques et
applaudissements.) Comme vient de le faire remarquer mon ami
Gerry, je ne peux pas marcher sans perdre immédiatement
l'équilibre. Lorsque je suis arrivé ici, je n'éprouvais que du dégoût
pour la vie et une immense solitude. Je pensais que le monde
m'avait trahi. J'en voulais à tout le monde, à mes médecins, à mes
parents. Permettez-moi de vous dire que, dans ma condition, ce
n'était pas très malin de ne plus vouloir parler à mes parents. Ce
sont eux qui payent les factures. Ici j'ai connu une transformation.
J'ai appris ce qu'il y a de positif dans le monde. Nous ne vivons
qu'une fois. J'ai compris le sens qu'il faut accorder à cela.

– John, si tu avais un conseil à nous donner, que dirais-tu ? lui demande Gerry.

– Il y a quelque chose que j'aimerais vous dire en peu de mots... N'abandonnez jamais. Merci de m'avoir écouté.

Pour Gerry Jampolswky, le sauveur, le chevalier à l'armure éclatante ou la princesse aux cheveux d'or ne viendront jamais. Nous détenons tous la clé pour accéder à la paix intérieure et à l'harmonie avec l'Univers. Le salut et la guérison s'obtiennent en transformant notre perception du monde.

La thérapie pratiquée au Centre de Tiburon est l'application des principes de la psychologie californienne. Elle s'appuie sur l'expérience du moment, celui des émotions. Pour Gerry deux émotions primaires animent le monde. La peur et l'amour. Quelles que soient les circonstances extérieures de notre vie, nous pouvons opter pour l'amour. En explorant notre peur avec les autres, simple reflet de nous-mêmes, en acceptant de l'exprimer par des mots, des gestes, un dessin, nous accédons à l'amour. Et par la voie de l'amour, à l'éternité, celle du présent toujours renouvelé. La mort perd ainsi son caractère menaçant et injuste. « D'ailleurs, dit Jampolswky, un enfant très jeune n'éprouve pas d'angoisse à l'égard de sa mort. Ses craintes lui sont transmises par les mines et les silences des adultes. Il faut que les enfants puissent sentir que nous leur faisons confiance, qu'ils détiennent eux-mêmes les réponses aux questions que nous les aidons à formuler. Par l'imagination, le goût du jeu, l'enfant est plus facilement en contact avec la réalité. De manière instinctive, il sait que l'amour est à l'origine de son existence. Par son innocence, il sait quelle voie emprunter pour engager le dialogue avec sa spiritualité. Il pardonne aussi plus facilement et est moins affecté par la rancune et le rejet. »

Au cours des séances, Gerry Jampolswky apprend aux enfants comment franchir la frontière qui sépare la peur de l'amour. Il leur demande de former avec leurs mains une paire de jumelles et

d'imaginer qu'ils vont à travers ces nouvelles lentilles déco un monde d'objets et de personnes sous un éclairage diffé celui de l'amour.

Les enfants sont encouragés à pénétrer librement su territoire de leur propre imaginaire. Après avoir formé un ce uni leurs mains, parlé, joué, déjeuné ensemble, les en dessinent. Par leurs dessins, ils décrivent leurs relations av monde étrange des adultes, celui de leurs parents, de l médecins.

Suzy, atteinte d'une leucémie à l'âge de cinq ans, refusai parler à son médecin depuis trois ans. Elle a appris à lui pardor le mal qu'il lui faisait en reconnaissant les bienfaits de traitements.

Jampolswky demande à ceux que les piqûres terrifient parler, de décrire les aiguilles, de les comparer avec celles connaissent leurs camarades. Puis il leur demande de fermer yeux, de bien se détendre et de s'imaginer transformés en gros boules de gomme insensibles aux seringues.

Pour dissiper les cauchemars, fréquents, les enfants dessin leurs rêves. Ils en modifient le dénouement par une fin heureu John se plaignait de gravir dans son sommeil une éche interminable qui ne menait nulle part. Au sommet, des homn vêtus de noir lui jetaient des cailloux au visage en ricanant. Pa magie de son dessin, il en transforma l'issue ; l'échelle conduis à un vaste nuage rose où allongé, paisible, il distingua au-dessous, des prairies dans le soleil.

Michael, lui, refusait de parler. Les enfants lui demandère alors pourquoi il boudait seul dans son coin, refusant de répond et de dessiner. Michael pleura puis raconta son humiliation porter une perruque devant ses camarades de classe. Il av perdu ses cheveux, effet principal de la chimiothérapie. « Q d'autre parmi nous porte une perruque », demanda Jampolswk Trois d'entre eux retirèrent la leur. Tout le monde rit. Micha parents. Il leur avait dit qu'il ne voulait pas que ses funérailles soient un jour de deuil. Il souhaitait que tous se séparent après l'office, sereins et unis. Ses parents ont respecté ses vœux. « Ce fut un hommage à la vie, raconte Gerry Jampolswky, c'est la seule chose qui nous intéresse. L'église était pleine d'enfants. A chaque chaise était accroché un ballon. A la fin de l'office, ils se sont tous retrouvés dans la vaste prairie, devant l'église, et ensemble ils ont lâché les ballons qui se sont unis dans le ciel. »

Féminin masculin :
il est interdit de ne plus désirer

Midi.

En cour d'appel, le juge Harry Shafer de la Cour supérieure de Los Angeles rend son jugement de divorce. David Phillip Rudich et Mary Benton Rudich obtiennent la garde commune de la Rolls. Pendant quatre semaines, David Phillip Rudich conduira la « Corniche » décapotable puis cédera pour les quatre semaines suivantes la voiture à son ex-épouse.

L'époux s'était d'abord incliné lorsque son ex-épouse s'était vu seule confier la garde de la Rolls. Mais Berverly Hills, le village aisé de Los Angeles, n'est pas grand. David Phillip la voyait chaque jour déambuler dans le voisinage entre les colonnades de palmiers.

Un jour, il sursauta. Assis sur le siège avant, le doberman enfonçait ses griffes dans le cuir fauve. Un phare était cassé.

Furieux, David se précipita chez son avocat :

« Marvin, il vous faut m'aider. Je veux faire appel. »

Dix-neuf heures.

Le jeudi 30 octobre sur le réseau CBS, à l'heure de la plus large écoute, les téléspectateurs assistent au viol de Greta Rideout par son époux John. « Viol et mariage ». Deux productrices d'Hollywood ont reconstitué à l'écran l'affaire du viol conjugal porté devant la justice deux ans auparavant.

John et Greta Rideout, couple moyen vivant dans la petite ville de Salem dans l'Oregon, s'étaient querellés un soir plus que de coutume. La suite ne sera peut-être jamais éclaircie. « Il me viola », dit l'épouse au juge. « Elle était consentante », rétorqua l'époux.

Pour la première fois dans l'histoire du droit américain, un époux comparaissait devant une cour de justice pour avoir violé sa femme. En 1977, l'État d'Oregon, sous la pression des mouvements féministes, avait modifié le statut sur le viol : un amant et même un conjoint sont aujourd'hui passibles d'un emprisonnement de vingt ans.

Vingt et une heures.

Dans une alcôve, derrière un voile transparent, un homme d'une cinquantaine d'années sanglote en regardant son épouse faire l'amour. La jeune femme s'attarde sur le torse de son partenaire.

Sur l'escabeau, en retrait, le pauvre monsieur regarde et sanglote. Troublé, l'amant suspend le cours de ses caresses et propose d'interrompre. L'époux secoue alors la tête et redouble de sanglots. « Non, c'est le seul moyen. Deux femmes m'ont déjà quitté pour un plus jeune homme. Si je ne lui tolère pas quelques escapades, elle aussi me quittera pour un autre. Il me faut faire l'apprentissage de ma jalousie. »

L'alcôve est la pièce la plus intime de Sandstone, temple de la thérapie sexuelle à Los Angeles. On n'y fait l'amour qu'à deux. Les autres peuvent observer.

On y vient, on y parle, on s'y rencontre, on s'y aime si on le souhaite.

Minuit.

Les douleurs de la mère se sont tues dans la salle d'accouchement. L'enfant vient de crier dans la nuit.

Cathy, la mère, suit de ses yeux bleus ternis de fatigue le regard de Richard, son époux. Le père passe sa main sur le petit corps.

Richard et Cathy sont nés de familles où l'on est blond aux yeux bleus depuis des générations. Tommy, l'enfant tant attendu, est l'un des vingt mille enfants conçus chaque année en Amérique avec l'aide d'un donneur, par insémination artificielle.

Quelques heures après la naissance, amis et parents ont commencé à s'étonner : d'où l'enfant tenait-il ses yeux bruns ?

Richard a souffert qu'afin d'enfanter, sa femme ait dû prendre le don de vie d'un autre homme.

Californie, automne 1980, quelques histoires ordinaires.

Nulle part la révolution sexuelle n'a pris tant de visages différents, opposés.

Déjà dans les années soixante, Bob Dylan chantait : « Il y a du succès dans tout échec et un échec dans tout succès. » Souvenez-vous, dans les années soixante on faisait l'amour, on refusait la guerre. Une cigarette aux senteurs rances, une seringue, un cachet ou une poudre blanche avaient ouvert tout grand les portes de la sensation. C'est dans le désert californien qu'Aldous Huxley avait osé ses premières expériences à la mescaline sous le contrôle d'un médecin.

Alors les foyers d'Amérique explosaient tandis que les bombes déchiquetaient, à l'autre bout du Pacifique, les familles du Vietnam.

Obscène, l'amour libre ? Mais n'était-elle pas obscène la guerre déclenchée par les parents, bâtisseurs de la « famille nucléaire » ?

Souvenez-vous, dans les années soixante-dix. La guerre était finie mais l'amour était en guerre. Sur les *water beds* [1] *king size* (grandeur royale), on se livrait bataille, on trépignait de rage, piétinant d'abord un père, une mère, puis une sœur et un frère, puis une famille entière. On ne faisait pas de demi-mesure. On s'en prenait à tous et à personne. On était soudain très lucide et très perdu.

En 1960, aux États-Unis, un mariage sur quatre se terminait par un divorce. En 1975, un couple sur deux divorce. A Los Angeles, on divorce autant qu'on se marie.

En 1970, un million et demi d'Américains entre quatorze et trente-quatre ans vivaient seuls. En 1978, il y en a quatre millions trois cent mille, et un foyer sur cinq se compose d'une seule personne. Les fonctionnaires du recensement ont créé pour ces célibataires une nouvelle catégorie : « Ils sont en phase de transition. Un nouveau mode de vie. »

En 1980, 7 % seulement des Américains vivent au sein d'une famille « nucléaire » si on dénomme ainsi cette forme d'association : un conjoint qui travaille, une épouse au foyer et deux enfants.

On s'est étonné qu'aux États-Unis la libération sexuelle ait été vécue d'abord comme une aventure juridique. Mais ici, le procès d'obscénité est devenu un genre depuis l'épisode des sorcières de

1. Lits sur un coussin d'eau.

Salem. On les jugea coupables. « Obscène », pontifiait, en 1963, la Cour suprême des USA en faisant un autodafé du roman d'Henry Miller *le Tropique du Cancer*. « Savez-vous, m'a dit Harry Reems, le héros du film pornographique *Deep Throat*, que dans trente-sept États d'Amérique, est passible de sanctions légales toute personne qu'on aurait surprise à copuler dans une position autre que celle du missionnnaire. » L'homme allongé sur la femme fait un acte de missionnaire. De même, la sodomie, la fellation sont des conduites amoureuses sanctionnées par la loi. En 1976, la Cour fédérale de Memphis dans l'État du Tennessee accusait Harry Reems d'avoir « transporté du matériel obscène à travers l'Amérique ». Tourné à Miami, le film *Deep Throat*, en route vers la côte Ouest, avait en effet transité par l'aéroport de Memphis. L'État du Tennessee est un État de la *Bible Belt*. La ceinture de chasteté de l'Amérique. Ses habitants se vantent d'avoir « plus d'églises que de stations d'essence »... Dans le même tribunal où, au tournant du siècle, l'Église jeta aux flammes la théorie de l'évolution avancée par Darwin, Harry Reems fut fustigé pour avoir osé « faire vibrer la corde lascive de l'Américain moyen »... Telle est la formulation de la loi contre l'obscénité aux États-Unis.

« L'Amérique religieuse se réveille juste à temps peut-être pour sauver notre pays. On m'a demandé un jour, au cours d'une conférence de presse, quel livre j'emporterais sur une île déserte. J'ai répondu qu'un seul livre pouvait être lu et relu indéfiniment. La Bible. Je sais que toutes les réponses aux questions terrifiantes et complexes qui se posent aujourd'hui à notre société figurent dans ce livre, ce livre et aucun autre [1]. »

---

1. Ronald Reagan, campagne présidentielle, août 1980.

Mon ami David, un garçon fluet, a perdu l'an dernier son amant John dans un accident d'avion. Ce matin 18 octobre, il est inquiet. « Que penses-tu des derniers sondages ? Ronald Reagan a trois points d'avance sur Jimmy Carter. Je crains qu'il ne soit élu. Ce serait le retour à la chasse aux sorcières. » Je l'ai rassuré. Sans conviction. Ronald Reagan, flattant la croupe de son pur-sang, dans son ranch de Santa Barbara, c'est aussi la Californie, son fief électoral. C'est la victoire de l'Ouest à l'assaut de la forteresse de Washington. Un voyage des pionniers à rebours. « J'ai l'impression, me disait il y a quelques jours un journaliste canadien venu étudier le phénomène Reagan en Californie, que les centres de décision politique se déplacent un peu partout dans le monde de la même manière, vers l'Ouest d'une part, vers le Sud d'autre part. »

Le docteur William Keating m'inquiète. Il est le chef du département de la Santé mentale à Ventura, à une cinquantaine de kilomètres au Nord de Los Angeles. « Oui, me dit-il, j'ai stérilisé autrefois mille malades mentaux. Mais je ne faisais qu'appliquer les lois californiennes. » J'ai vérifié dans une revue de psychiatrie. En 1909, la Californie était le second État d'Amérique après l'Indiana à légaliser la stérilisation des malades mentaux. Ainsi, entre 1909 et 1960, vingt mille malades mentaux furent stérilisés dans les institutions californiennes, soit près de la moitié des stérilisations effectuées au cours de la même période sur l'ensemble du territoire américain. Ce n'est qu'en 1960 que l'on décida d'abolir la pratique, sous la pression de l'opinion publique.

« C'était un peu après quatre heures du matin. Sur le divan, dans le mess des officiers, Alicia Harris et Wendi Williams, deux marins, sont allongées. Une pose suspecte. Elles sont toutes deux habillées mais la blouse de Wendi est déboutonnée. Alicia Harris est couchée sur le dos et Wendi est penchée sur elle. Leurs jambes s'entremêlent. J'ai eu l'impression qu'une sorte d'acte sexuel était en train de se dérouler sous mes yeux. » Ce sont les mots exacts du lieutenant Deborah Stiltner. Elle vient de témoigner contre ses deux subordonnées. Le procès se déroule à bord du vaisseau *Norton Sound* en juillet 1980, indignant la Californie libérale. La Marine avait licencié huit membres de son personnel féminin pour « conduite homosexuelle ». Le Comité américain pour la défense des droits civiques exigea que les huit marins aient au moins droit à une procédure légale.

Après plusieurs semaines d'audience, la Marine, ridiculisée, mit de son propre chef fin au procès.

Quatre cent quatre-vingt-treize mille hommes et trente-deux mille neuf cents femmes dans la marine en 1979. La même année, sept cent soixante-dix-huit hommes et soixante-seize femmes seront rayés des rangs pour conduite homosexuelle. Six cent quatre-vingt-dix mille hommes et soixante-quatre mille femmes dans l'armée de l'Air en 1979. Cent quatre-vingt-dix hommes et cent quatre femmes expulsés pour les mêmes motifs.

Et pourtant, c'est bien dans les tribunaux de Californie qu'eurent lieu les plus retentissants procès de la libération sexuelle...

Lee Marvin et sa concubine Michèle Triola convolèrent en bonheur illégitime pendant six ans. Mais en 1970, Lee préféra à cette amante une épouse. Pendant les mois qui suivirent leur séparation, il versa à Michèle une modeste indemnité. Puis il l'oublia. Michèle alla trouver son avocat. Elle jura que l'acteur lui avait promis de partager avec elle les trois millions six cent mille dollars acquis au cours de leurs six années de vie commune. Mitchelson, son avocat, plaida bien. Sa cliente n'avait-elle pas troqué une prometteuse carrière d'artiste pour se consacrer à ce goujat, ce traître ? L'avocat eut l'argument heureux : « Je veux rendre aux concubines le droit à la dignité. Grâce à moi, elles pourront de nouveau entrer par la grande porte des tribunaux. » Émue et convaincue, la Cour suprême de Californie créait en

151

1976 un précédent : « Soit, concluait le juge, la pratique de l'union libre, contractée par deux partenaires pour des raisons autres que strictement sexuelles, constitue de fait un contrat de mariage. » Quand les amants se séparent, après plusieurs années de vie commune, ils auront droit dorénavant aux mêmes revendications financières que tout couple marié sous le régime de la communauté des biens.

Dans la foulée, six autres États (l'Oregon, le Minnesota, le Washington et l'Illinois, le Connecticut et le Michigan) passaient des lois semblables, donnant aux époux non légitimes des droits jusqu'alors réservés aux couples mariés. Mille procès du même genre sont aujourd'hui en cours dans les tribunaux californiens.

Rent-a-Wife : Karen Donovan
345, South McDowell Bld
Petaluma, California 94952
tél : (707) 778.77.36.

« Karen Donovan ? Oui, c'est bien moi... » Elle a à peine le temps de répondre à mon appel que déjà elle m'abandonne, récepteur en main, pour répondre à un autre interlocuteur. La voilà. « Je suis débordée. Je ne dors que trois heures par nuit. » La sonnerie retentit : « Cathy, réponds s'il te plaît. Excusez-moi, je n'ai pas une minute. Je pars ce soir pour Washington. Je suis l'invitée d'honneur de trois émissions de variétés. »

Karen Donovan est une épouse. Une épouse sans époux. L'épouse de mille époux. Épouse d'une heure, d'un après-midi, d'une journée, d'un week-end. Karen Donovan ne loue pas son corps. Elle le précise. Elle fait tout ce que fait une épouse, sauf l'amour. Karen Donovan est une épouse salariée. Elle vend ses talents de maîtresse de maison dans l'agence qu'elle vient d'ouvrir à Petaluma, près de San Franscico : *Rent-a-Wife* (location d'épouse). Les fonctions d'une femme au foyer sont des activités professionnelles, proclament les féministes. Karen Donovan les a prises au mot.

Sur une feuille volante, elle a encadré dans les guirlandes, la liste des services offerts par *Rent-a-Wife* :

Elle recevra vos invités
Fera vos courses
Décorera votre appartement
Paiera vos notes d'électricité ou de téléphone
Achètera vos ustensiles de cuisine
Déménagera pour vous
Tapera à la machine
Répondra à votre courrier personnel
Reconstituera votre arbre généalogique
Organisera vos soirées
S'occupera de votre maison quand vous serez absent
Emmènera vos vieux parents en voyage
Organisera vos vacances
Équipera votre cuisine
Regardera vos feuilletons favoris et vous en fera le compte rendu.

On a tous besoin d'une épouse. Karen a des références. Deux maris dans sa vie. Après son second divorce, elle cherchait du travail. Une idée. Fonder *Rent-a-Wife*. Désormais, elle a six épouses à son agence. Elle les traite bien. Elle réclame vingt-cinq dollars de l'heure, cent cinquante dollars de la journée, six cents dollars de la semaine. Deux cents coups de fil la première semaine d'ouverture. Un client s'est confondu en remerciements. « Ma maison était dans un tel état. Je n'osais plus inviter des gens chez moi. Comment trouver le temps de gagner ma vie et de frotter mes parquets ? » Une épouse est un luxe... « nécessaire ». Karen Donovan ne craint pas la récession. Elle a même des projets d'expansion. Elle veut engager une nouvelle équipe d'épouses. Puis ouvrir une succursale. Elle en a parlé à son père. Il est d'accord pour s'occuper de *Rent-a-Husband* (location d'époux). Elle en a parlé à ses enfants. Ils se chargeront de *Rent-a-Family*. « Nous irons chez les gens, disent-ils les yeux pétillants. Nous mangerons tout ce qu'il y a dans le frigo, collerons nos mains sales sur les murs, prendrons des douches et laisserons toutes les serviettes traîner par terre. » Leur mère ajoute : « Quand *Rent-a-Family* aura accompli sa tâche, le client n'aura plus qu'à appeler *Rent-a-Wife* pour nettoyer derrière eux. »

L'épouse devenue une denrée commerciale ? En Californie, où, en 1980, les contestataires n'ont plus honte d'être riches, un puissant romantisme de l'or souffle sur l'État doré. *Rent-a-Wife* n'est pas un canular. C'est certes une caricature, mais du même coup un constat de valeur. Ébranlé dans les années soixante, le concept familial connaît aujourd'hui un regain d'intérêt.

Au début de la décennie dernière, les sociologues sonnaient le glas de la famille. « Le bonheur des couples s'évapore comme un mirage », écrivaient Gerard et Nena O'Neill, auteurs de l'ouvrage à succès de 1972, *Open Marriage*. Ce couple moderne prônait l'éclatement de la famille nucléaire et vantait les vertus d'un couple polygame. Robert Rimmer, autre maître à vivre de la génération montante, dans son livre, *Proposition 31*, offrait des recettes pour un mariage revu et corrigé, le *Corporate Marriage* : deux couples et leurs enfants mettent en commun leurs ressources sentimentales, sexuelles et foncières, et multiplient ainsi par deux les satisfactions d'une famille traditionnelle.

L'époux mais aussi la famille retrouvent aujourd'hui leur place.

Aurait-on cru qu'Edgar Butler, directeur du Département de sociologie à l'université de Californie à Riverside, puisse aujourd'hui annoncer la survie de la cellule familiale dans une revue pour pratiquants de l'*Alternative Life Style* ? « La forme familiale dominante continuera dans l'avenir à être la " famille nucléaire " si on entend par là un homme, une femme et des enfants. Mais au sein de cette famille, les valeurs, le comportement des individus les uns envers les autres auront radicalement changé. »

Mes pérégrinations à travers la Californie sentimentale n'ont pas contredit cette prédiction.

L'*Alternative Life Style*, alternative à la structure familiale traditionnelle est un mode de vie largement pratiqué en Californie. On parle à présent d'*Expanded Family,* de famille élargie.

C'est bien l'une de ces familles élargies que j'ai rencontrée en empruntant la sortie « Magnolia », à une quarantaine de kilomètres du Sud de Los Angeles, sur l'autoroute de Santa Ana. A Orange County, on ne pratique pas, en règle générale, la libération sexuelle. On vote pour Ronald Reagan, on travaille dans l'industrie aéronautique. Le samedi soir, pourtant, une centaine de bourgeois moyens, citoyens au-dessus de tout soupçon, garent leur Chevrolet break au coin de l'avenue Magnolia. Laissant à leur droite un énorme drapeau américain planté sur une pelouse, ils marchent à pas pressés, conjoint en main, vêtus léger et synthétique, vers la villa du professeur Robert Mac Ginley, Bob pour les nombreux intimes. Au-delà d'un gazon artificiel, ils s'éclipsent pour la nuit. Dans l'entrée, Mme Mac Guinley, Geri de son petit nom, épouse soumise à Bob, son libérateur, inscrit le nom des participants au fur et à mesure de leur arrivée sur un registre et collecte les cotisations. Elle encaisse les entrées : vingt dollars par couple pour mille et une nuits de volupté condensées en une seule. Ne sont admis que des couples.

Tous appartiennent à la grande famille des *Swingers* [1]. Un million en Amérique. Les visiteurs de ce soir sont membres d'une chapelle : le *Wild World of Contemporary People*. Néophytes ou pas, ils sont venus goûter au péché avec la bénédiction de Bob et Geri, grands prêtres du *swinging*. La plupart sont arrivés avec leur épouse légitime. Rares sont les jeunes mariés. La plupart en sont à leur second mariage, voire leur troisième. « Nous encourageons nos adhérents à venir de préférence à ces soirées avec leur conjoint ou conjointe, me précise Bob. De cette manière, quand ils entrent chez nous le samedi soir, ils ne laissent pas sur le pas de la porte leurs responsabilités familiales. »

Bob, *Pater Familias*, ancien baptiste et chrétien *born again*, leur offre, pour un soir, un espace, son domicile, sa paroisse. N'est-il pas un prêtre ? « J'ai quelques minutes à vous accorder avant de vaquer à mes fonctions », me dit-il. Il a quarante-cinq ans, la voix mielleuse et les yeux vifs. Du bras droit, il ramène sur sa hanche nue, comme on tournerait les pages d'un bréviaire, un mini kimono orange. « C'est ma famille, murmure-t-il, ma vaste famille. » Sur le pas de la porte il accueille ses fidèles.

Ce pourrait être une nuit pudique. Seul un quart de lune s'est dévoilé. Ce pourrait être une nuit comme on en rêve, enfant. Une nuit à compter les étoiles filantes. Une nuit à fermer les yeux sur des songes délicats comme la dentelle. Ce pourrait être une nuit sans geste.

Mais la voix de Bob nasille. Il butine dans son passé. Il naît à Los Angeles dans une famille protestante. Il est chrétien *born again*, comme aujourd'hui 53 % des Américains qui renaissent à la foi. Les trois candidats à la présidence, cet automne de l'année 1980, le sont aussi. Il a une mission : « Permettre aux gens de diversifier leurs expériences sexuelles sans avoir à mentir à leur conjoint, sans avoir à dire " je vous aime ". »

1. Swingers : personnes qui balancent d'un partenaire à l'autre.

Bob tourne la tête vers la salle commune désormais bruissante de retrouvailles et fait un chaleureux signe de la main à un couple d'une cinquantaine d'années.

Bob s'éloigne. « Vous m'excusez, je dois m'occuper de mes hôtes. Il y a beaucoup de nouveaux ce soir. » Je l'ai suivi dans la salle commune où des hourrahs et des applaudissements l'accueillent. Je me suis glissée à côté d'un des rares couples jeunes. La trentaine. L'homme est assez beau. Il appréhende. C'est sa première fois. Son amie Gale l'a entraîné. Elle a l'habitude, elle. Elle aime partager dans l'amour le corps d'une troisième partenaire, une femme. John se mord les doigts. « J'ai dit oui, mais maintenant j'ai le trac. Enfin, jusqu'à présent tout se passe bien. Les gens sont très gentils avec nous mais nous n'avons pas encore trouvé une partenaire qui nous plaisait à tous les deux. » Bob a ouvert les bras et exigé le silence. Il ne sera pas long. La nuit est courte. Il tient simplement à rappeler aux anciens et à apprendre aux nouveaux le B A-BA du *swinging*. Pas de boissons alcoolisées dans les chambres. Le voyeurisme est très mal vu. Un groupe qui a choisi de s'isoler dans une alcôve a droit à l'intimité. Surtout, il le répète plusieurs fois, que chacun se souvienne, il faut savoir dire non, si on en a envie. Si un problème survient, Bob et Geri sont là, à tout moment. Ils ne demandent qu'à les aider. Et maintenant que la fête commence ! Bob a rassuré ses ouailles sur ma présence. « Elle n'est pas là pour vous espionner. Si vous la voyez tendre un micro vers vous, ne vous inquiétez pas. Parlez-lui, votre mode de vie l'intéresse. »

Ils se sont précipités. Ils ont insisté pour expliquer à mon magnétophone les raisons de leur présence. Un homme d'une cinquantaine d'années a posé le microphone sur les pans de son déshabillé de satin noir. D'emblée, il a déclamé : « Indiquez-moi donc un endroit où, pour vingt dollars, en l'espace de douze heures sans avoir à changer de maison, et devant les yeux consentants de votre épouse, vous pouvez épuiser chacun de vos fantasmes. » Ses genoux frôlent les miens. Je bafouille. Il me caresse la joue, me tapote le dos de la main, me convie au plaisir, au cas où… « Je ne veux pas vous forcer. Si, au cours de la soirée, l'envie vous en prend, dites-le-moi. J'aimerais assez. » Il a le teint rose, des manières suaves. Un parfait *Swinger*. Il ne m'a rien fait pourtant, mais je n'ai qu'un désir : châtrer ses cajoleries. Je n'ai qu'un fantasme, sacrilège dans ce lieu : aimer solitairement l'amant unique. J'ouvre les lèvres pour dire à ce monsieur roux que la permission de tendre la main et de saisir un à un, comme au marché, les objets de mes fantasmes, a éteint tous mes désirs. Je le lui dis. Il m'a fait encore une caresse sur le genou. Il n'insiste pas. Il se relève ; il saisit au passage deux larges hanches et les emporte.

Bob a surgi, apparition orange, le kimono sur les jambes courtes. Il entoure la taille d'une dame qui n'est pas Geri, sa femme. « Vous vous amusez ? » Il n'attend même pas la réponse. « Tu viens, Geri ? », crie-t-il à son épouse qui, dans le coin cuisine, remplit de café frais moulu la marmite d'aluminium tenant lieu de cafetière. La ration pour la nuit. Geri accourt, visage radieux. Elle enlace dans le même geste Bob et sa compagne. Tous trois disparaissent dans une chambre. Elle est rouge. Ils vont vers la couche commune. J'entrevois des grappes de corps accrochés les uns aux autres. Ils sont cinquante, ensemble. Ils font l'amour.

Quelques couples s'attardent encore sur les divans. Droits sur des chaises, cinq laissés-pour-compte font tapisserie. Scène de bal populaire où les timides, les romantiques ou les moins beaux rêvent aux plaisirs des autres. Un peu plus je les ferais danser ! En haut, sur des matelas taillés pour deux, trois, ou dix partenaires, les autres *swinguent* à pleins poumons.

Je n'ai pas eu le courage de rester. La nuit est blafarde sous les néons. Je me retourne vers la maison de Bob et Geri. Je suis déjà loin. En Californie, ce soir, je me sens terriblement étrangère.

Je ferme les yeux après la bretelle d'entrée sur l'autoroute.
Une dernière vision. Le magnolia sur le panneau vert. Bientôt les
pétales de fleur se referment sur la nuit que j'ai choisie. Je rêve
d'une nuit sans gestes. D'une veillée sur l'amour... Je rêve que
c'était un songe.

Hym Levy et Pat La Follette observent un silence courtois
lorsque je leur demande si les *Swingers* appartiennent à la *Family
Synergy*. Hym Levy et Pat La Follette sont les fondateurs de cette
Family Synergy, née en 1971, sous les palmiers de la Californie du
Sud. A la différence des *Swingers* qui ne partagent leur partenaire
que sexuellement, le temps d'une nuit, d'un week-end, les neuf
cents membres de la famille synergique ont choisi de partager leur
vie entière, le temps d'une vie. Ils se sont unis dans un système
communautaire élargi : sentiments, enfants, finances et responsabilités familiales.

A la fin des années soixante, l'architecte-philosophe Buckminster Fuller a remis le terme synergie à la mode. « Pour comprendre
la complexité de l'existence, le premier mot à connaître est celui
de synergie. L'action combinée de plusieurs parties dans le tout
produit une réaction synergique, qualitativement et quantitative-
ment plus riche que la somme des parties agissant séparément. »
Bucky, ainsi l'appellent les adeptes de ce vieux monsieur de
quatre-vingt-deux ans, a promu le concept *holistic,* dominant dans
la conscience californienne des années quatre-vingt.

Dans la foulée de Bucky, les sociologues et praticiens des
modes de vie alternatifs créent l'association de termes *Family
Synergy*.

Sur les pelouses d'Elysean Fields, îlot de verdure aux portes de
Los Angeles qu'Ed Lange a fait pousser sur les collines pour
laisser les citadins trotter nus le week-end, j'ai entendu pour la
première fois parler d'eux. Ed Lange, un monsieur dodu de
soixante ans, pleure de joie en me racontant la genèse de son rêve,
tangible désormais, là, à portée de sa main. C'est pour réconcilier

les Californiens avec leurs corps, laids ou beaux, gros ou maigres, qu'Ed Lange a fondé ses « Champs-Élysées », au début des années soixante. C'est un patriarche. Quand il promène ses cheveux blancs sur les pelouses de son domaine, partout les mains se lèvent. « Si vous vous intéressez au concept de la famille élargie, il faut absolument que vous parliez aux membres de la *Family Synergy*. C'est la famille par excellence. L'institution qui, en puissance, contient toutes les alternatives à la famille traditionnelle, issues des expérimentations de ces vingt dernières années. Mais si vous voulez les rencontrer tous, allez donc à Palm Springs dans quinze jours. Ils seront au Stardust Motel. »

Quinze jours plus tard j'ai pris la route de Palm Springs. Palm Springs est une grosse tache de résidences secondaires, vautrées dans la canicule du désert. L'été, c'est une ville fantôme. Dans les rues, tracées comme de fastidieuses grilles de mots croisés, on ne rencontre que des familles de palmiers : le famélique échalas à la tête ébouriffée de chien pékinois ; le stylisé aux palmes fines, nonchalant comme un dessin de David Hockney, peintre californien ; le domestique, vert et fourni, engraissé par un jet d'eau charitable. Il fait cinquante degrés. Je me traîne jusqu'au Stardust Motel où doit avoir lieu la conférence. Façades à dorures. Copie d'un palace de Las Vegas. Des fenêtres occultées par des rectangles de carton. Est-ce bien là ? Une feuille volante me le confirme. J'entre. Dans le hall de l'hôtel, des gens vont et viennent. Ils sont nus. Ou presque. Sur une fiche autour du cou, ils portent leur identité. Ed Elkin, Conseiller, Androgyny Center ; Marvin Colter, Directeur d'« Arête », Centre bisexuel de Californie du Sud ; les nombreuses spécialités de Marvin Colter : humaniste, père, époux, bisexuel, androgyne, praticien, thérapeute, docteur, amant, guérisseur... Al Pereira, lui, est expert comptable. A dix heures, dimanche matin, son séminaire fera salle comble. Le thème a du succès : « Comment préparer votre feuille d'impôts et comment faire payer à Oncle Sam les frais de cette conférence ? » A la réception, le personnel de l'hôtel, habillé des pieds à la tête, fait sensation. Dans un coin du hall d'entrée, assis en tailleur, une vingtaine de synergistes prennent des notes sous la dictée d'une dame habillée à l'air sérieux. Je consulte le programme des activités. Elle apprend à ses disciples comment exporter, hors de Californie, le concept de la *Family Synergy*. Du bar de l'hôtel, anonyme et obscur comme un bar d'aéroport, montent des gloussements de joie. Je m'y hasarde. Une quinzaine d'adultes, disposés en cercle, bondissent comme des cabris : « Venez jouer avec moi », dit le titre du séminaire épinglé à la porte. En sous-titre, « Nous avons perdu la sponta-néité de l'enfance. Venez la retrouver. »

Je ne suis pas montée aux étages. L'hôtel, vidé de clients ordinaires pour l'occasion, avait été réquisitionné par les mem-bres de la *Family Synergy* pour des discussions, des séances de rencontre, des groupes de thérapie et, disait le prospectus, pour des « conduites permissives ». Studieuse, j'ai écouté l'avis d'un couple de jeunes Français, membres de la Famille, venus de Paris pour assister à l'événement.

Hym Levy vient d'arriver. Il est encore vêtu d'une combinaison de contremaître tachée de graisse. Il supervise un chantier de Boeing à Redonto Beach, au Sud de Los Angeles. Il a quarante-quatre ans, l'allure d'un colosse aux manières douces, les yeux vert clair.

1970 avait été une très mauvaise année pour Hym Levy et sa femme. Ils pensaient au divorce. Cette même année pourtant, une famille d'amis très proches mourut dans un accident de voiture. Cette perte les rapprocha. Le divorce n'était peut-être pas la solution à leurs problèmes. Il devait exister d'autres possibilités moins douloureuses, plus positives.

Hym avait lu les ouvrages de Gerard et de Nena O'Neill. L'idée d'un mariage ouvert, d'une famille élargie, le séduisait. A

161

l'autre bout de la ville, Pat La Follette et son épouse Ann, enfants des années soixante, n'avaient pas voulu trahir leurs rêves de jeunesse et d'amours libres sur les campus. Ils n'avaient pas inscrit la monogamie à leur contrat de mariage en 1968. En 1971, Ann avait rencontré un deuxième homme, Joseph, l'avait aimé et présenté à son époux Pat. Ensemble, ils avaient décidé de fonder une famille à trois. Ce serait une triade, la formule la plus harmonieuse dans la *Family Synergy*. Deux hommes et une femme ou deux femmes et un homme vivent ensemble. En Californie du Sud, il y a quatre-vingts triades homologuées.

Par le biais d'une annonce passée dans une revue locale, Pat et Ann relevèrent le nom et l'adresse de Hym Levy. Par correspondance, ils organisèrent la première réunion de ce qui devait devenir un jour la *Family Synergy*. Seize personnes vinrent pour échanger leurs idées sur le concept des familles élargies ou pour partager le récit de leur mode de vie alternatif. Trente personnes assistèrent à la seconde réunion. Puis quarante. La Famille s'amplifiait. Elle était née.

« Allez voir les La Follette, m'avaient dit les deux jeunes adeptes français. Vous verrez, c'est une triade intéressante. »

J'ai trouvé une famille unie, dans une maison de bois en désordre, au bord du quartier chicano dans le centre de Los Angeles. Pat, Joseph, Ann, Bren et Isaac.

— Cinq, c'est le bon chiffre, a dit Bren le petit garçon de six ans, lorsque son frère Isaac est né, il y a huit mois. Maintenant on est au complet.

Les grands ont acquiescé. Bren est ce soir venu m'ouvrir la porte. Joseph l'a suivi avec son air d'intellectuel rêveur. Il a présenté Bren.

— Un amour de gosse, a-t-il dit en père tendre. Bienvenue dans notre grand désordre.

Ce soir, il est de corvée. La vaisselle est haute sur la table de bois. Il a lavé une assiette puis s'est ravisé. « Allez, ce soir, je fais une exception pour vous. » Dans le salon, sur le divan, Ann donne un sein généreux à Isaac. Discrètement, j'englobe Joseph, Bren et Isaac dans un même regard, afin de déterminer le lien de parenté. Difficile. Joseph sourit avec autant d'affection à la frimousse goulue du dernier-né, Isaac, et à l'enfance déjà sage de Bren. Pat nous a rejoints, hamburger en main. Il a les cheveux roux. Il peste. Il vient d'écouter le discours du président Carter à la télévision. C'est la convention démocrate de New York. « Lamentable ! C'est décidé, je vote pour Barry Commoner. » Barry Commoner est le candidat du *Citizen's Party* à la présidence. C'est le favori des anciens leaders des années soixante. Profitant du discours de Pat, mes yeux voyagent de nouveau entre les deux hommes et les deux enfants. A qui est qui ? Plus tard, comme s'ils avaient deviné ma perplexité, les trois parents répondront à ma question :

« Vous auriez dû nous voir à la clinique quand Bren est né. Nous avions convenu que le premier enfant naîtrait de l'union de Pat et d'Ann. Ann avait toujours rêvé d'un petit rouquin. C'était plus sûr avec Pat.

Pat et Ann l'écoutent, amusés. C'est le fantaisiste de la famille.

« Nous avions tous les trois suivi les cours Lamaze d'accouchement sans douleur, reprend Joseph.

– C'est vrai, coupe Pat. Lui, était mordu.

Pat n'a pas résisté au commentaire. Il a plissé ses yeux bleu pâle et a renversé la tête sur le dossier de son fauteuil. Il s'y assied tous les soirs. Il tire sur sa pipe, patriarche comblé.

– Tenez, par exemple, si demain Ann disparaissait dans un accident de voiture, nous continuerions à vivre ensemble, Joseph, les deux enfants et moi. Nous sommes désormais beaucoup trop engagés vis-à-vis l'un de l'autre, et vis-à-vis des enfants, pour nous séparer même en cas de malheur. Je n'arrive pas à m'imaginer la maison sans Joseph. Bren et Joseph ont tissé une relation très particulière. Je ne voudrais pas détruire ce lien.

Joseph est ému. Il baisse un peu la tête.

– C'est beau, murmure-t-il.

Un romantique. A ses yeux, leur triade est une superbe histoire d'amour.

« Mon premier baiser avec Ann... heureusement je m'y suis accroché. Nous avons eu raison. Sinon, nous n'aurions jamais existé tels que vous nous voyez aujourd'hui.

Pat hoche la tête. Il cure sa pipe.

« J'ai tendance à me laisser trop absorber par ma vie professionnelle. Tenez, récemment, je me suis mis dans la tête de refaire tous les fichiers du musée où je travaille et de les mettre sur ordinateur. Une façon de concilier ma passion pour les ordinateurs et pour mon métier, la zoologie. J'ai passé des nuits entières à travailler. Sans Joseph, je n'aurais jamais pu m'adonner à ce projet. Mon mariage n'aurait sans doute pas survécu. Mais je savais qu'Ann n'était pas toute seule le soir. Cela me rassurait.

Ann est bibliothécaire. Elle recommencera bientôt à travailler. A trois, ils pourront se relayer pour garder les enfants. Joseph est acteur. En ce moment, comme tous les acteurs d'Hollywood, il est en grève.

Bren a regagné sa chambre discrètement. Isaac s'est endormi contre sa mère. Le sol du salon est jonché de jouets. Pat, Joseph et Ann sont fourbus comme après une journée d'enfants. Une bonne fatigue. Dans la pièce, flotte une tendresse au cube. Non, ils ont beau chercher, « ils n'arrivent pas à s'imaginer une autre vie ». Je les ai quittés. Bizarrement, la route entre les gratte-ciel de Downtown et les bungalows de Venice m'a paru minuscule. A la radio, dans l'opéra, *Carmen* taquinait le brigadier. J'étais gaie.

22 août 1980, Dallas. Le candidat républicain à la présidence s'adresse à des économistes texans. Un journaliste le coupe :

– Monsieur le Gouverneur, pourquoi cette hostilité à l'égard des homosexuels ?

Ronald Reagan incline la tête et répond :

– La société américaine ne peut tolérer l'homosexualité, ce mode de vie décrit dans la Bible comme une abomination et un péché capital.

17 octobre 1980. En pleine page de l'hebdomadaire *Sentinelle*, le journal homosexuel de San Francisco :

Lettre ouverte de Miami aux homosexuels de San Francisco

Californiens au secours. Vous avez plusieurs fois déjà répondu à notre appel lorsque nous luttions pour obtenir nos droits. L'heure est grave. Nous refusons de nous soumettre, de retourner nous voiler la face dans l'obscurité de nos oubliettes du passé, pour apaiser la haine des autorités laïques et religieuses de Floride. Résistons à l'assaut renouvelé des ultras du Sud regroupés sous la bannière de Ronald Reagan. Récemment, nous avons secouru nos frères homosexuels cubains, échoués sur nos rivages, chassés par Fidel Castro, rejetés par notre gouvernement.

Naguère, nous avons soutenu la candidature du sénateur Edward Kennedy, aujourd'hui, nous appuyons celle du président Carter. Nous n'avons obtenu aucune garantie de sa part sinon celle d'être écoutés dans nos revendications afin de bannir la discrimination et le puritanisme dans les États du Sud. Si Ronald Reagan l'emporte nous sommes perdus, à jamais.

Homosexuels californiens de San Francisco, vous êtes nombreux, organisés, reconnus. Votez pour Jimmy Carter le 4 novembre prochain, nous vous en conjurons. Merci.

A San Francisco, une personne sur six est homosexuelle. C'est le thème principal des conversations quotidiennes après les élections et le taux de l'inflation.

Cent cinquante mille homosexuels répartis surtout dans deux quartiers, Castro Street pour les hommes, Valencia Street pour les femmes. On parle ici de quartiers homosexuels comme on évoque les ghettos noirs, mexicains ou la ville chinoise du centre. Pourquoi cette ville américaine de six cent cinquante mille habitants est-elle devenue en quelques années la première ville homosexuelle du monde par la proportion de ses habitants et l'originalité de ses institutions ?

Il en arrive soixante par jour, fuyant l'hostilité silencieuse de la majorité des grandes plaines, les outrages des *Rednecks* du Sud.

Ils sont organisés, puissants, politisés. Plus de trente associations professionnelles regroupent les différentes corporations.

Au début de l'année, une banque homosexuelle a ouvert ses guichets au centre du quartier des affaires. Sa vocation, explique son président, est de financer les entreprises homosexuelles négligées par les banquiers hétérosexuels.

Arthur Lazere occupe un bureau cossu de Mission Street. Depuis deux ans, il préside la Chambre de commerce homosexuelle à laquelle il souhaite donner une ampleur nationale. C'est une sorte de centre homosexuel du patronat. Il m'annonce avec fierté que la succursale à San Francisco de la United California Bank, la cinquième banque par son importance aux États-Unis, vient d'adhérer à l'association. De nombreux employés de la banque sont homosexuels.

« Notre mission principale, me dit-il, consiste à abolir les préjugés. Ainsi, le président de la compagnie d'aviation World Airways avait rédigé une note à l'intention de son personnel. Il y critiquait l'homosexualité. Lorsque l'entreprise a ouvert un bureau à San Francisco, nous avons fait pression pour qu'il revienne sur ses propos. Nous pouvions le traîner devant les tribunaux pour discrimination. Il a obtempéré et publié un démenti. »

David Koesler, lui, dirige l'association des médecins. « Aujourd'hui, nous regroupons trois cents spécialistes homosexuels. Il y a deux ans, j'étais professeur à l'université de San Francisco. J'étais choqué de constater que, dans les milieux médicaux traditionnels, on considérait encore l'homosexualité comme une aliénation mentale. Nous organisons à présent des réunions hebdomadaires. Mes confrères y viennent maintenant accompagnés de leurs amants et conjoints : ils se plaignaient d'être abandonnés à la maison le jour de nos réunions. Dans une pièce voisine, ils évoquent les problèmes de la vie de couple, les affaires domestiques. Notre standard fonctionne vingt-quatre heures sur vingt-quatre. Il informe nos correspondants des services médicaux disponibles. On leur communique la liste des médecins homosexuels de la ville. Nous avons finalement obtenu une certaine notoriété et nous rencontrons nos confrères hétérosexuels au cours de séances communes.

La communauté hétérosexuelle, encore majoritaire, n'est pas toujours silencieuse. Les Noirs, par exemple, se plaignent d'être chassés de leurs quartiers : les promoteurs de Castro Street achètent leurs demeures avant de les restaurer pour les revendre à des clients homosexuels.

Un ami blanc me racontait :

« Je n'étais pas encore marié à l'époque. L'annonce décrivait un appartement qui me convenait. J'arrivai le premier. " Êtes-vous homosexuel ? " me demanda le propriétaire. Lorsque je lui eus répondu que je ne l'étais pas, il me conseilla avec courtoisie d'inscrire mon nom sur la liste d'attente. " Je cherche un locataire homosexuel, me dit-il. Ils sont plus méticuleux. " »

Les femmes aussi contestent. Une amie de New York m'a fait part de sa surprise après avoir trouvé un logement à San

Francisco. Elle habite un immeuble du quartier homosexuel mixte de Tenderloin. « C'est éprouvant : les hommes m'ignorent et les femmes me font des propositions dans les couloirs. »

Cette frustration, ressentie à l'égard de la rareté des mâles disponibles, fit l'objet d'un article truculent rédigé par une journaliste d'un magazine local. L'article s'intitulait « *Why can't women get layed in San Francisco* » (Pourquoi les femmes ne peuvent-elles se faire trousser à San Francisco ?).

Plusieurs fois je fus surpris de constater l'obstination à révéler en public ses tendances homosexuelles. Au cours d'un séminaire de psychologie, où le rituel d'un groupe de rencontre exige que chacun des participants se présente en donnant son nom, sa profession et éventuellement le lieu de son domicile, nous étions dix. Trois personnes, deux hommes et une femme, révélèrent leur homosexualité au groupe après avoir donné leur nom. Intrigué par cette spontanéité, je posai la question à l'un d'eux en fin de séance. Il me répondit qu'il n'avait pas été conscient de cet aveu puis, après réflexion, il précisa : « C'est vrai, à San Francisco, nous nous présentons d'abord comme homosexuels. Ensuite seulement nous décrivons ce que nous faisons et d'où nous venons. C'est devenu une obsession, une position politique, la condition de notre survie. »

En mai, je contactai Konstantine Berlandt, chargé chaque année d'organiser le défilé homosexuel de juin, en commémoration des émeutes homosexuelles de New York de juin 1969. Konstantine était d'excellente humeur lorsqu'au téléphone, je me recommandai de John Rechy, le célèbre écrivain prostitué de Los Angeles. Konstantine me convia pour le soir même à une fête. Puis, subitement, il changea de ton :

– Vous êtes homosexuel, n'est-ce pas ?

Mi-amusé mi-intrigué, j'hésitai un instant.

– Euh, pas vraiment, non.

Long silence que je n'osai interrompre, puis il reprit d'une voix militante :

– Nous avons été à plusieurs reprises bafoués par la presse hétérosexuelle. Nous évitons maintenant tout contact. D'ailleurs, en représailles, seule la presse homosexuelle sera admise à occuper les tribunes officielles lors du défilé du mois prochain.

Finalement, j'obtins audience pour la semaine suivante.

Dans son appartement, il tournait en rond nerveusement, sans parler, puis il m'annonça d'une voix théâtrale : « Il est l'heure, il faut que je parte. Mon adjoint et amant va répondre à vos questions. » J'interrogeai l'amant, jeune, beau, bien informé. Allongé sur l'unique matelas de la pièce, il portait des culottes courtes et des rangers parfaitement cirés. A son chevet, j'occupais une chaise bancale. Il me raconta avec ferveur que CBS, le principal réseau de télévision, avait, le mois dernier, à l'heure de la plus large écoute, programmé une émission partiale sur le « pouvoir homosexuel » à San Francisco. Il évoqua aussi avec colère un scandaleux article de *Playboy,* « ce chiffon, rédigé par une journaliste hystérique qui mériterait d'être pendue par les pieds. Elle a décrit notre quartier de Castro Street comme un enfer lubrique où les homos se masturbent en plein après-midi au passage des lycéens effarés. C'est nocif pour notre lutte, notre paix est précaire, nous assistons en ce moment à une résurgence de l'extrême droite répressive ».

Cet appel à la vigilance est partagé par le maire, Diane Feinstein. Elle doit sa victoire, aux élections de 1979, à la communauté homosexuelle qui forme 30 % de l'électorat de la ville. Après la signature de l'abolition de la discrimination sexuelle dans la fonction publique, elle déclara, tempérant par là le libéralisme de la réforme : « Certes, l'inclinaison sexuelle d'un citoyen de San Francisco ne saurait entraver sa carrière. J'attire toutefois l'attention des homosexuels sur l'importance de la discrétion. Ils doivent éviter d'offenser ceux qui ne partagent pas

169

ce mode de vie. Je ne veux pas que San Francisco devienne une ville répressive. »

Harvey Milk fut abattu d'un coup de revolver à bout portant, en novembre 1978, par un ex-conseiller municipal connu pour son activisme anti homosexuel. Plusieurs fois, en public, le tueur avait contesté l'homosexualité de Harvey Milk. Il lui avait reproché, le jour de sa nomination, d'avoir remercié les électeurs au bras d'un jeune homme présenté comme son amant.

Pour apaiser les esprits, Diane Feinstein – elle succéda au maire George Moscone, assassiné par le même tueur – décida de rendre hommage à la mémoire de Harvey Milk, en créant un poste de conseiller municipal homosexuel confié à Harry Britt.

Ce même Harry Britt – arborant sur le revers de son costume en alpaga un macaron « Comment osez-vous prétendre que je suis hétérosexuel » – donna le premier coup de sifflet lors de l'engagement amical de base-ball opposant, l'an dernier, l'équipe homosexuelle de la ville aux recrues stagiaires de l'Académie de police. Le gouverneur de Californie, Jerry Brown, et le maire, Diane Feinstein, occupaient les places officielles dans les tribunes. Les recrues de la police n'ont pas manifesté de mauvaise humeur excessive à la suite de leur cuisante défaite par vingt à neuf.

Cette rencontre sportive s'inscrivait dans le programme de relations publiques destiné à encourager les homosexuels à s'incorporer dans les forces de police de la ville. « La police doit représenter les populations qu'elle est chargée de protéger », déclara le préfet de police Cornelius Murphy. En décembre 1979, dix-huit mille affichettes furent placardées sur les murs des quartiers homosexuels : *You don't have to be straight to be a good cop*, proclamait l'annonce (un bon flic n'est pas nécessairement hétéro). « La ville a besoin de votre concours. Ce qui compte, ce sont vos compétences et non vos mœurs sexuelles. » Trois cents candidats se sont présentés aux épreuves d'incorporation.

Plusieurs leaders radicaux ont vu, dans cette initiative, une manœuvre de récupération habilement orchestrée par la branche conservatrice du *Gay Power*, le pouvoir homo.

Le stage de formation de l'Académie se déroule sur une période de dix-neuf semaines. Deux jours complets sont consacrés aux rencontres des candidats policiers avec la communauté homosexuelle. Un car conduit les recrues, le matin tôt, dans les rues de Castro Street, et pendant deux jours, les aspirants-flics dialoguent avec les commerçants et passants du quartier. Larry Hughes, un volontaire chargé de l'animation de ces deux jours, informe également les recrues homosexuelles de la police sur la conduite à observer à l'égard de leurs confrères hétérosexuels. « L'atmosphère est généralement bonne, dit-il, la majorité des candidats des deux bords sont de bonne volonté. Bien sûr, c'est inévitable, nous comptons dans nos rangs un certain nombre de policiers " homophobiques " (radicalement hostiles aux homosexuels). » « Homophobique », il l'est, pour sûr, le sergent Ronald Hansen. Dans un article amer de la *Gazette de la police*, il se plaint : les vestiaires dans lesquels il se change tous les jours sont partagés par les candidats agents de police homosexuels. « Je ne suis plus jeune ni séduisant, écrit-il. Je pense pouvoir décider quels sont ceux qui peuvent regarder mon corps lorsque je me change. » Il ajoute : « La loi stipule que les suspects soient fouillés par des policiers du même sexe. Comment vont-ils réagir lorsqu'ils seront interpellés par des policiers homosexuels ? »

Larry Hughes rassure ses recrues hétérosexuelles et apaise ses candidats homosexuels. « Le public se fait une fausse idée de notre communauté. Il déduit du spectacle de ces couples enlacés de Castro Street que nous allons nous conduire de la même manière. On peut parfaitement être homosexuel sans narguer. Lorsqu'un citoyen a besoin de l'assistance d'un policier, il ne lui demande pas avec qui il partage ses nuits. »

Maréchaussée libérale à San Francisco : en août 1980, une recrue sur six est homosexuelle. Ce n'est pas le cas à Sacramento, la capitale de l'État. Carole, une femme sergent de police, a finalement renoncé : « J'ai vécu en cachette pendant cinq ans, restant à la maison avec ma compagne. On voulait me faire avouer à tout prix mon homosexualité. J'ai démissionné. »

Sacramento n'est pourtant séparé de San Francisco que par cent vingt kilomètres d'autoroute. D'une manière générale, les lesbiennes ont la vie moins facile. « Nous sommes beaucoup moins bien représentées, moins bien défendues. »

Carmen Vasquez est la directrice du *Women's building*, la plus ancienne institution féministe de San Francisco. Elle a souri comme si elle s'attendait à la question. « Bien sûr nous avons notre Castro Street : Valencia Street. » Elle m'a donné un plan, le guide de la femme dans Valencia Street. À peine huit bâtiments symétriques répartis de chaque côté de la rue. Je m'attendais à un quartier clinquant et animé comme celui des homosexuels mâles paradant sur Castro Street. Sur la plan, les façades sont victoriennes et carrées. *Good Vibrations* figure sur l'une d'entre elles. J'y vais d'abord. J'ai dû faire un détour, passer la 22e Rue et trouver, dans une allée sans éclairage, une vitrine. Dans la pénombre, j'écarquille les yeux contre la paroi vitrée. « Réservé aux adultes », précisent les caractères blancs peints en arc de cercle. Au fond de la pièce, sur des étagères bancales, je distingue des formes : cachés derrière des recueils de poésie, des phallus courbent leur tête de caoutchouc mou. C'est la boutique de vibrateurs pour clientèle exclusivement féminine. Amusée, je suis revenue sur Valencia Street, rue délabrée. Sur les marches des escaliers, devant les maisons aux couleurs éteintes, des couples de vieux Noirs frissonnent. Ils ont le regard vitreux. Les rares boutiques descendent leurs stores. Quatre jeunes chicanos s'étalent sur le trottoir. Ils sont ivres. J'ai croisé peu de femmes, pas un couple de lesbiennes. Une centaine de mètres plus loin, j'ai fait halte devant la librairie des femmes. Accroupie sur la moquette, j'ai fait une collecte de revues féministes. Des groupes d'avocates, d'infirmières, de médecins se donnent rendez-vous tous les jours. Mais où sont donc ce soir les quatre-vingt mille lesbiennes dont m'a parlé Carmen Vasquez ? Ces huit immeubles piteux de la rue Valencia les contiennent-elles toutes ?

– Si elles étaient vraiment féministes, elles n'occuperaient certainement pas des positions de managers, m'a répondu Carmen lorsque je lui parlai de l'ascension des femmes dans la hiérarchie professionnelle. Le féminisme implique un système politique fondé sur la participation. Pas un système hiérarchisé au sommet duquel trône un patron.

– N'est-il pas étonnant, lui ai-je demandé, que ce soit le mouvement de libération des femmes qui ait fait éclater la révolution sexuelle, mais qu'aujourd'hui les bénéficiaires de ce mouvement soient surtout des hommes ?

– Cela chagrine en effet les féministes, m'a répondu Carmen, mais leur faillite relative vient de ce que les homosexuelles féminines n'ont pas réussi à s'emparer des moyens de production. Les *Women Banks*, lancées en Californie, ont fait banqueroute. Les femmes sont peu préparées au monde des affaires. Par ailleurs, les féministes manquent de fonds pour la défense de leur cause. Elle sont victimes des préjugés des mécènes qui ne leur accordent que 0,6% des sommes totales destinées à soutenir l'ensemble des causes sociales.

Carmen a précisé :

« D'ailleurs nous préférons que cela soit ainsi. Nous ne convoitons aucun poste dans le système américain. Les homosexuels mâles, en revanche, ne demandent qu'à être reconnus comme de bons Américains moyens. Ils flirtent avec le système.

Arrivée au sud de la 22ᵉ Rue, j'ai repris mon plan et, à la faveur d'un feu vert, j'ai cherché le numéro de l'Artemis Society, café de réunion des habituées de Valencia. Au 1199, la porte était close. Je ne distinguais qu'une lueur orangée au-dessus du cannisse qui barrait la façade. Pour discerner un coquet salon de thé, j'ai dû coller mon nez contre la vitre et me hausser sur la pointe des pieds. J'ai poussé la porte. Sur des nappes rouges égayées par des bouquets de marguerites, des femmes dînaient devant un poster géant de feuilles d'automne. Gestes feutrés. Je me suis assise devant un thé aux écorces d'orange. Une jeune femme en salopette portait le tee-shirt aux couleurs de la maison avec une Artémis chasseresse, silhouette sombre bandant l'arc sur fond blanc. Derrière moi, deux amantes se chuchotaient leur journée. Elles s'embrassèrent gravement d'abord, puis se taquinèrent, se caressant les cheveux et les épaules. Joan Baez chantait une ballade amoureuse.

Je me suis levée, j'ai jeté les yeux vers un tableau d'algues, de faune marine et de pétales de corps féminins sans visages. Je suis sortie par la seule porte ouverte, donnant sur une arrière-cour. La rue Valencia s'arrêtait là, au coin de la 22ᵉ Rue. L'établissement de bains et de massages pour femmes faisait le coin.

J'ai eu besoin d'un taxi. Je me suis souvenue de la remarque d'un chauffeur, un jour : « Lorsque je n'ai plus de client, je rôde dans Castro Street. » Un quart d'heure à pied sépare les femmes des hommes. J'ai frémi lorsque j'ai revu ces mâles homosexuels en uniforme et en vitrine. Je venais du quartier orangé des femmes voilant leur homosexualité derrière des cannisses...

Quelques nuits plus tard, en pleine montagne, dans un ranch de Malibu. Une femme noire en robe blanche, coiffée d'un turban bigarré tenu par un chapelet de perles bleues, une Indienne aux cheveux argentés et une jeune femme blanche aux lunettes d'écaille se tiennent devant un autel où brûlent sept bougies. Pour les adeptes de la *Women's Religion* (religion des femmes ou sorcellerie moderne), la bougie et l'encens sont des accessoires élémentaires lors des cérémonies rituelles en l'honneur de la Déesse, la Femme.

La flamme des bougies symbolise le feu et est associée au point cardinal sud dans la cosmologie des ensorceleuses. Elle éveille le pouvoir magique qui dort en toutes les femmes. L'encens symbolise l'élément air et évoque l'est.

Une centaine de femmes assistent cette nuit à une conférence sur le thème de la spiritualité féminine. Une jeune prêtresse noire s'avance. « Ce soir, a-t-elle dit aux cent femmes – des initiées à la sorcellerie, des féministes et des lesbiennes –, nous invoquerons la déesse Yemaya. Dans ma religion issue de l'Afrique orientale, Yemaya est la déesse océan. Je parlerai un mélange de lucumi (dialecte des Caraïbes) et de yoruba (dialecte nigérien). C'est notre latin de messe. Répétez après moi cette incantation que nous offrirons à notre déesse, celle de l'Univers, celle des Africains, celle des femmes, de toutes les femmes. »

Nous avons scandé toutes ensemble :

Yemaya assassou
Yemaya assessou
Assessou Yemaya
Assessou Yemaya
Yemaya Olodo
Olodo Yemaya

La prêtresse noire s'est alors dirigée vers la porte, l'a ouverte et a poussé dans la nuit de Malibu une plainte gutturale. Derrière elle, femmes groupées, nous avons convié, en ramenant les mains vers nous, la déesse océan. Vite, captant les esprits favorables, la jeune femme noire a fermé la porte puis est revenue se placer

175

devant l'autel. L'odeur du bois de santal, volute roulée autour de chaque flamme, commençait de m'enivrer.

« À présent, a dit la deuxième prêtresse, blanche, devant l'autel, faites un cercle. Nous allons vous passer une pelote de laine, pourpre comme le sang menstruel d'où vient la vie. Le sang qui nous relie les unes aux autres. L'une après l'autre, vous prendrez ce fil, en enroulerez une portion autour de vos poignets et passerez à vos sœurs le reste de la pelote. »

Tandis que nous nous passions le fil de la vie, l'Indienne aux cheveux d'argent tournait autour de nous et accompagnait nos gestes d'une ballade en langue anglaise. « Il y a un fil au centre du monde, un fil qui nous relie au ventre de l'univers, un fil qui nous relie à l'enfant. Il y a un fil dans la matrice du monde, un fil qui saigne, un fil qui donne la vie.

« Nous sommes des tisserandes, tramant la toile de notre union. Nous sommes le rouet de la vie. Tissons notre pouvoir de femmes. Il y a un fil dans la matrice du monde. »

La prêtresse noire, devant l'autel, a repris :

« À présent que vous êtes toutes reliées par cette pelote de sang, la première femme va pénétrer dans le cercle et amorcer une spirale. En vous enroulant ainsi, vous répéterez l'incantation à la déesse et avec vos hanches, vous mimerez l'ondulation de l'océan. Sentez votre puissance féminine, prenez appui sur cette toile qu'ensemble vous tissez, faites des vœux pour votre carrière professionnelle, votre vie amoureuse, votre famille, vos amantes. »

Nous avons vogué comme des chaloupes et chanté. Bientôt, le ventre du cercle était comblé de femmes. Bientôt nous n'avons plus pu bouger. Sur place, nous enflions comme une marée.

La voix gutturale a repris. « Maintenant, demandez à votre sœur, votre voisine, de couper le cordon qui vous rattachait à elle et aux autres femmes. Demandez-lui de vous libérer et tourbillonnez sur vous-même en continuant de chanter. Vous avez coupé le cordon ombilical mais vous gardez en vous la mémoire de votre union avec toutes les femmes de cette spirale. Demandez alors à la femme de votre choix, l'amante, la sœur ou l'amie, d'attacher autour de la partie du corps que vous choisirez, le symbole de ce rite : le morceau de laine pourpre. Personnellement je le porte enroulé autour de mon ventre. C'est une région de mon corps particulièrement vulnérable. Vous sentir toutes là, contre mon ventre, me donne la force dont j'ai besoin. » Une jeune femme a retiré son tee-shirt et sa voisine, son amante, lui a délicatement attaché le fil autour des seins. Elle l'a ensuite embrassée sur les lèvres. Pendant quelques minutes, elles ont dansé, lovées l'une dans l'autre.

La prêtresse noire s'est alors dirigée vers la porte du fond. Les mains des cent femmes se sont tendues. Avec l'aide de leurs cris, de leurs mains projetées et les percussions des tam-tams, elle a chassé d'une dernière plainte coléreuse les mauvais esprits. Les démons se sont enfuis à l'autre bout de la nuit. Sans se retourner, elle a crié aux femmes : « Chassez toutes les expériences néfastes qui encombrent votre vie. Exorcisez-les. »

Elle s'est tue. La cérémonie était close. Les femmes ont levé vers elle leurs poignets où la plupart avaient enroulé le fil de sang. Elles l'ont acclamée. De l'électrophone est monté une rumba. Les femmes sont devenues brésiliennes. Puis elle se sont remises en rond pour danser la chanson de Zorba. « *Bad girl !* » a ensuite hurlé dans la fête féminine la voix de Diana Ross. Des femmes, brûlantes, ont jeté leurs blouses. Des couples se sont refermés, femmes les unes dans les autres. Une femme chicana, poitrine ronde, tournoyait autour des danseuses au rythme du tam-tam. Soudain, du brouillard de l'encens de santal, a surgi une enfant. Une enfant blonde dansant parmi les femmes. J'ai écarquillé les yeux croyant à une rêverie. Je me suis avancée et j'ai touché l'enfant. Je lui ai caressé les cheveux. Elle m'a souri.

J'ai repris la route cahoteuse vers le sommet des collines. Bientôt j'ai revu l'ombre nocturne du ciel et de la mer. Pendant deux jours encore, les cent femmes, venues de la Californie entière pour cette conférence, découvriront, cultiveront et partageront leur pouvoir spirituel. Trois jours de rites, trois jours d'offrandes à la Déesse-Femme, aux Déesses-Femmes qu'elles sont toutes.

Patti et Rosanna, deux féministes, poètes et ceinture noire de karaté, m'ont dit le lendemain : « Il y a encore deux ou trois ans, ç'aurait été une hérésie, pour des féministes comme nous, engagées dans la lutte politique directe, de participer à des conférences de ce genre. Mais aujourd'hui, le mouvement spirituel est la ramification la plus récente du mouvement féministe. C'est un bien. Les féministes, en se battant pour les droits politiques de la femme, ont souvent oublié, ces dernières années, que la féminité était un des plus puissants attributs de la femme. Sa créativité, sa sensibilité, son mystère. Pratiquer notre esthétisme féminin, prendre conscience, par la pratique des rites, de notre solidarité de femmes, féminiser les divinités, honorer la lune, l'astre le plus féminin de la cosmologie, c'est un acte politique. »

Hally, fondatrice de l'organisme Women in Spiritual Education à Berkeley, est une vétérane de la lutte féministe. Quinze ans d'expérience. À la conférence du week-end, j'ai participé à l'atelier qu'elle animait : « Les femmes, nouvelles guérisseuses. » Ensemble, nous avons parlé des rites quotidiens de femmes que nous partagions. Sur l'autel, nous avons déposé autour de la bougie rose et de l'encens *Morning Star* (étoile du matin) les

objets que nous offrions en hommage à la déesse de la connaissance. Une dame, meurtrie et nouvellement initiée, a déposé le
pansement qu'elle avait au doigt. Une autre, ses chaussures. Dans
quelques semaines, elle allait subir l'initiation et devenir grande
prêtresse d'une divinité africaine. Il lui faudrait beaucoup danser.
Ensemble nous avons tenu, au-dessus de la flamme, une feuille où
nous avions inscrit les peurs et les motivations néfastes de notre
vie. Ensemble nous l'avons regardée brûler.

Hallie n'a pas cessé, depuis quinze ans, d'organiser des
manifestations féministes. Contre le viol, contre les femmes
battues par leur mari, contre l'inégalité des salaires. « Il est temps,
maintenant que nous avons imposé les rudiments de la justice
sexuelle, d'user de cet immense pouvoir que nous détenons
toutes. Le mouvement spirituel a jusqu'ici été dominé par les
hommes. Les gourous tout puissants. Notre mouvement à nous
est beaucoup moins hiérarchisé. Nous sommes toutes ici sur terre
les messagères blanches, jaunes et noires de la Déesse. Désormais
j'ouvre et je clos mes meetings politiques par des cérémonies
rituelles. Une bougie, de l'encens, une méditation. »

Le féminisme aujourd'hui est plutôt une définition politique
qu'une affirmation de genre. « Regardez comme mon parquet
luit », m'a dit Sydney, un des membres actifs du Los Angeles
Men's Collective. « Ma femme rentre de vacances cet après-midi.
Elle va être contente. » Sydney est fier, sans exagération. Il
trouve cela normal de cirer le sol de sa maison. « Je suis un
féministe », dit-il d'une voix à peine audible tant elle est douce. Il
milite au sein du Los Angeles Men's Collective, un groupe créé
pour défendre les droits de la femme, pour apprendre aux
hommes à répondre aux revendications des féministes, leurs
épouses, mais surtout pour faire s'épanouir les qualités féminines

des hommes. « *Le Marlboro Man*, symbole publicitaire du macho avec une blonde entre les lèvres n'est pas mort, malheureusement. Regardez le titre du dernier film de John Travolta, l'idole des adolescentes d'aujourd'hui : *Urban Cowboy*. Il ne faut surtout pas flancher maintenant. »

Sydney est aussi membre du New American Movement, une coalition socialiste rassemblant divers groupuscules de gauche issus des années soixante. Ils estiment que la *Women's Liberation* leur a beaucoup appris. Ils travaillent aujourd'hui à l'émancipation des hommes. « Ces hommes mutilés, prisonniers de leur rôle de gagneur du pain familial, esclaves d'une entreprise, incapables de verser une larme ni d'aimer une femme... (Sydney hoche la tête). Quelle tristesse. » « Nous sommes des féministes socialistes », a confirmé Bobby, professeur de physique à l'université de Caltech et à la Socialist Community School de Los Angeles. « Les vrais socialistes doivent s'inspirer, pour favoriser l'avènement d'une société plus démocratique, de la nature particulière des rapports que les femmes entretiennent au monde. Dans sa vie de tous les jours, la femme pratique le socialisme. Avant que l'enfant ne naisse, elle partage son corps avec lui. Plus tard, au sein de la famille, elle participe aux fonctions sans assumer d'emblée le rôle de chef de famille. Ses rapports avec son époux, ses enfants, ses amis sont régis par l'intuition, la sensibilité. L'homme, lui, se façonne un masque de fer. Il règne sur la famille, sur le monde extérieur. Dans notre coalition, nous n'avons pas de *leaders*. Nous sommes des êtres humains à part égale. Nous tâchons de devenir des êtres humains à part entière. »

Splendide journée et pourtant plutôt maussade sur le campus, ce 15 octobre, date de l'anniversaire de l'université de San Francisco. Les jésuites qui dirigent cet établissement depuis cent vingt-cinq ans ont décidé à la dernière minute d'annuler la chorale de ce matin. Les grévistes homosexuels occupent la pelouse centrale.

Il y a seulement trente ans, San Francisco était encore la cidatelle catholique des États-Unis. À cette époque, le père supérieur, en bon exégète des textes sacrés, citait à tout propos une obscure pensée de Justinien, attribuant la cause des tremblements de terre à l'homosexualité.

Les temps ont changé. John Lo Sciavo, le doyen actuel, a mis de l'eau dans son vin. « Certes l'homosexualité demeure un péché capital condamné par toutes les confessions américaines ; mais à San Francisco il nous a fallu suivre le mouvement pour survivre. Toutefois, il y a des limites à ne pas franchir. »

La querelle a commencé le jour où, mine de rien, les bons pères ont effacé du catalogue l'association des étudiants homosexuels. Le président de la ligue des étudiants homosexuels de la faculté de droit a mobilisé, ce 15 octobre, ses troupes au beau milieu du campus.

Tandis que les Églises traditionnelles chassent les homosexuels et que les bons pères jésuites de San Francisco négocient avec les grévistes, le père Moriatti, pasteur du Bon-Samaritain, une enclave sainte au cœur du quartier homosexuel de Castro Street, s'étonne du comportement équivoque de ses frères jésuites : « Et pourtant ils mettent des annonces dans les revues homosexuelles pour recruter des fidèles catholiques. » C'est le père Moriatti qui me donne l'adresse de son homologue, le révérend Perry.

Sinon impénétrables, les voies du seigneur paraissent encombrées... La vocation de la Metropolitan Church est d'« accueillir tous les homosexuels bannis par l'Église traditionnelle ».

J'ai finalement obtenu un rendez-vous avec ce révérend baptiste, le pape de l'Église homosexuelle d'Amérique, l'auteur de cet ouvrage qui fit scandale : *Le Seigneur est mon berger et il sait que je suis homosexuel.*

Un peu avant six heures, je traversais la 11ᵉ Rue dans le quartier des affaires à Los Angeles. Sur la façade délabrée d'un ancien théâtre de 1920, je lis la phrase au néon : « Jésus vous aime aussi. »

Je prends place sur une chaise de la salle d'attente. Sur le panneau de bois du guichet, une affichette : « Accorde-moi, Seigneur, la force d'accepter ce que je ne peux changer, le courage de changer ce que je peux et la sagesse d'apprécier la différence. » Au-dessous, une fiche rappelle la réunion des alcooliques homosexuels de jeudi.

Un homme d'une inquiétante maigreur est assis en face de moi ; depuis un moment il me dévisage. Je farfouille nerveusement dans ma musette d'écolier. Un débardeur d'un jaune intense laisse apparaître son nombril au centre d'une touffe de poils sombres. Il prend la parole. Je le craignais.

– Je n'ai pas bu, dit-il (il compte sur ses doigts), depuis quatre mois. (Il rallume une cigarette avec le mégot de la précédente.) Quel temps magnifique, n'est-ce pas ? J'ai beaucoup bruni. (Il passe un doigt sous le revers de son short qu'il remonte jusqu'à l'aine.) Je dois la vie à cette Église. »

Derrière une pile de courrier, le visage d'un jeune homme me sourit. Il porte le col dur des pasteurs américains.

« Le révérend Perry n'en a plus que pour quelques minutes, il parle au téléphone avec Tony Sullivan ! ! »

– Avec Tony Sullivan ?

Oui, une affaire bien compliquée. Les services américains d'immigration tentent d'obtenir son expulsion. La sonnerie du téléphone retentit sans cesse.

« Ah, ces Cubains, je n'en peux plus. Ils disent tous la même chose : " Envoyez-moi un Cubain, ou même deux, mon Mexicain est délicieux mais il ne sait pas faire la cuisine. " Nous avons vingt mille homosexuels cubains à caser, ça ne va pas traîner si ça continue comme ça.

Le révérend Perry passe la tête par la porte entrouverte et me fait signe d'entrer. Il a la barbe bien taillée et une boucle d'oreille.

– Bonjour, je vous présente le révérend Harvey.

Plus petit, plus dodu, le révérend Harvey porte le même col dur. C'est une femme d'une trentaine d'années.

– Nous voulons que nos frères, me dit le révérend Perry, sachent que Jésus les aime aussi. Nous avons prospéré. Aujourd'hui, nous avons cent cinquante églises en Amérique, dix autres dans le reste du monde... Et bientôt en Pologne.

« La position ancestrale de l'Église alimente depuis toujours un sentiment de culpabilité. La raison principale en est une interprétation erronée de la Bible. On a toujours pensé que les textes sacrés condamnaient l'homosexualité, cette « abomination » dont parle saint Paul. Ce n'est pas l'homosexualité qui était visée à l'origine, mais les rituels païens louant les idoles. Pour solliciter la bienveillance des dieux, hommes et femmes s'accouplaient. C'était le rituel de la fécondité.

« J'étais las de mentir à ma femme et mes deux fils.

« J'ai eu de terribles problèmes de conscience. J'ai même tenté de me suicider. Un jour, je suis allé voir l'évêque. Il m'a chassé de son Église. J'ai prié. Dieu est venu à mon secours. Il m'a dit : " Fais-leur savoir que je les aime, fonde ton Église, je t'aiderai " J'ai alors passé une annonce dans un journal homosexuel. Notre premier service a eu lieu dans l'appartement que j'occupais. Tout le monde avait apporté quelque chose, du vin, du pain... Nous avons tenu bon. Il nous fallait chaque jour résister à la terrible pression des Églises ultra. À La Nouvelle-Orléans, ils ont brûlé nos chapelles. À leurs yeux, nous sommes des suppôts de Satan. La police s'est même infiltrée dans nos offices. Quelques hommes en civil de la brigade des mœurs se livraient à une provocation ridicule dans les toilettes. Ils nous aguichaient. Nous n'avons pas bronché. Ils ont fini par repartir. On nous insultait. " Mon Dieu, regardez, disaient-ils, les folles sont descendues d'Hollywood. "» Nous répondions parfois : " Que Dieu vous bénisse. " Ils nous aspergeaient de seaux d'eau. Un jour, une femme est venue vers moi, blême, le visage crispé. Elle m'a frappé avec son sac à main en clamant : " Connaissez-vous les écrits de saint Paul, espèce de défroqué ? " " Oui, madame, lui ai-je dit avec calme. Saint Paul n'aimait pas les homosexuels. Il méprisait aussi les femmes. "

Le révérend Harvey s'est calé dans son fauteuil. Elle baisse les yeux et hoche la tête.

Le téléphone sonne. Le révérend Perry se tourne vers moi.

« Je vous prie de m'excuser, c'est une affaire urgente. Une des huit lesbiennes expulsées par la marine est au téléphone. Louons le Seigneur.

Le secrétaire m'a reconduit à la réception. Avant de prendre congé, je lis sur une affichette : « Transexuels, ne vous faites pas opérer avant d'être en paix avec votre conscience. Venez nombreux aux séances du mardi. » Le mardi suivant, je retournai à la Metropolitan Community Church.

Dans le sous-sol de l'église, par des couloirs humides, nous accédons à une pièce tout en longueur. Les murs sont nus. Il y a vingt chaises. À mes côtés s'installe une dame en noir. Elle croise ses fines jambes mal rasées et fait des cercles de fumée entre deux bouffées tirées de son fume-cigarettes. À sa gauche s'assied une jeune femme, habillée avec recherche. Son regard est langoureux. Près d'elle, un adolescent au sexe indéfinissable. Un comportement plutôt viril et des traits féminins. En face de lui, un homme silencieux, muet, à l'allure craintive croise les mains entre ses genoux. À côté de lui, une jeune fille, timide, jolie. Le muet et la jeune fille semblent complices d'une tragédie passée.

À leur droite, un couple s'enlace. L'un porte une cravate, l'autre un costume austère. Des hommes, je crois. Je n'en suis pas sûr.

– Nous pouvons commencer maintenant, annonce la voix de basse de l'animatrice. (Ses lèvres sont serrées.) Présentez-vous à tour de rôle.

La dame en noir commence.

– En ce qui me concerne, je suis maintenant en paix avec moi-même. Cela a été très dur pendant de nombreuses années. (Elle se tourne vers moi, pose sa main sur mon genou :) Comme vous pouvez le constater, je ne suis plus une jeune fille.

Sa voisine, trop élégante, enchaîne. Elle passe ses faux ongles dans ses cheveux teints.

– J'ai toujours été heureuse d'être une femme. Même à l'époque où j'avais encore une apparence masculine, les hommes se montraient galants à mon égard.

Une fille de grande taille, voilette posée sur ses cheveux blonds, se tient droite sur sa chaise :

– Nous sommes méprisées par les homosexuels. De plus en plus aujourd'hui. À leurs yeux, nous sommes l'incarnation criante de la féminité qu'ils abhorrent. Cette hostilité s'accroît depuis qu'ils se virilisent pour ressembler à l'Américain moyen.

– Allons, les hommes, on ne vous entend pas. C'est à vous à présent, lance l'animatrice.

Je me suis tourné vers la droite où sont rassemblés les « hommes » arrivés en retard. Ils ne bronchent pas.

– Il est beaucoup plus facile de devenir un homme que l'inverse, dit la voisine de la dame en noir. L'apparence masculine est beaucoup mieux tolérée.

La dame en noir veut réintervenir :

– Je déteste le mouvement de libération de la femme. Qu'on laisse donc les hommes être des machos ! Si les femmes s'y mettent, mais de quoi vais-je avoir l'air, avec mes boléros et mes dentelles ! (Elle se tourne vers moi et ajoute à voix basse, la main devant la bouche :) Donnez-moi une ferme, un bon gaillard de paysan, du foin plein les sabots et je serai la plus heureuse des femmes.

Une femme rondelette s'est levée. Elle est allée se poster derrière une personne en gilet et en cravate écossaise. Elle lui masse tendrement les épaules et lui murmure quelque chose dans l'oreille. Puis elle dit :

– Je voudrais vous annoncer une grande nouvelle. (Elle s'interrompt :) Tu es sûr, John, que tu ne veux pas l'annoncer toi-même ?

John fait non de la tête.

Elle poursuit :

« Je veux vous annoncer que John va bientôt m'épouser.

Depuis deux ans, « elle », Patricia, c'est une femme.

John, « lui », n'est homme que depuis six mois…

– Bravo (aplaudissent les autres). Où allez-vous habiter ?

– En Floride, répond John.

Il a immédiatement rebaissé la tête.

> Le roman de vivre à deux hommes
> Mieux que non pas d'époux modèles,
> Chacun au tas versant des sommes
> De sentiments forts et fidèles.
>
> Paul Verlaine, *Parallèlement*.

« Couple maudit. » Verlaine, le musicien du vers impair, et Rimbaud, pourfendant le temple-poésie de la proue de son bateau ivre. Anthony Sullivan a le cheveu grisonnant, le nez épaté et, comme l'aîné des poètes, la révolte bavarde et douce. Richard Adams, les muscles lisses de l'adolescent aimé, les boucles sauvages et fines, le silence décoché comme une révolte. Anthony Sullivan et Richard Adams sont maudits.

Richard s'est assis un peu plus haut en face de son époux, Anthony, sur le divan. Il a posé une main sur son blue-jean et, de l'autre, il a montré Anthony du doigt, comme s'il choisissait le silence. Ne plus rien dire mais, comme Rimbaud, voguer vers Aden. « C'est surtout lui qui va parler. Il a beaucoup plus l'habitude que moi. »

Les deux amants s'étaient unis publiquement devant le révérend Perry : Anthony Sullivan, l'Australien, et Richard Adams, le Philippin naturalisé américain. Un mariage reconnu par la Metropolitan Community Church mais pas encore par la loi. À la mairie de Boulder, dans l'État du Colorado, se trouvait une fonctionnaire assermentée et féministe. Elle ne lut nulle part sur les règlements que les conjoints devaient être d'un genre différent. Le mot *spouse*, conjoint en anglais, est neutre grammaticalement. Elle eut vent de leur amour, leur fit signe et les maria avec cinq autres couples homosexuels devant la loi de Boulder, Colorado. De justes noces.

Faisant alors valoir la clause du rapprochement des conjoints, donnant droit à la résidence et éventuellement à l'immigration, Richard Adams déposa auprès des Services d'immigration une demande de visa pour son époux. Quelques mois plus tard lui parvenait une réponse négative et pour le moins humiliante. « Pas question de reconnaître la validité d'un mariage entre deux " *faggots* " (pédés) », écrivit un fonctionnaire. Quelques mois plus tard leur parvint une version un peu moins brutale, quoique tout aussi négative : « L'immigration ne peut en toute bonne foi accepter l'argument d'une relation maritale entre deux hommes. Aucun des deux conjoints ne peut en effet assumer les fonctions traditionnelles d'une épouse dans le mariage. »

C'en était trop. Les deux époux demandèrent réparation en justice. Pour le bénéfice de tous les amoureux homosexuels du monde et de tous les temps. Pour eux, « la société est prête dans une certaine mesure à accorder aux " *gays* "

187

leurs droits sexuels. Mais elle ne peut encore accepter que deux hommes ou deux femmes puissent s'aimer d'amour ».

D'après la Constitution américaine, tout citoyen a droit à s'associer librement avec qui lui plaît. L'avocat-défenseur a usé de cet argument lorsqu'il a sommé le directeur des Services d'immigration de comparaître devant la cour de Los Angeles. Mais il a perdu. Le juge a rendu sa sentence. « Votre action en justice est encore prématurée, a-t-il dit à l'avocat de Richard et Anthony. Dans vingt ans peut-être. » Anthony est révolté. « Dans vingt ans, a-t-il répété. Vous vous rendez compte, un juge qui vous dit que la justice varie au gré du temps. »

Le juge a donné quatre-vingt-dix jours à Anthony pour quitter le pays. L'avocat-défenseur a porté l'affaire en cour d'appel. L'affaire en est là. Les deux époux se sont regardés longuement, ont hésité un peu, dans un même souffle ils ont dit : « Oui, nous obtiendrons gain de cause. La bataille sera longue mais nous la gagnerons. » Richard, lecteur assidu de George Orwell, a parié : « Nous gagnerons avant 1984. »

Il sont las, c'est évident. Tant que l'affaire n'est pas réglée, Anthony ne peut ni travailler ni quitter l'Amérique. Il s'ennuie. « J'apprends combien il est ennuyeux d'être une femme au foyer. » Richard rentre vers quatre heures du travail. Il a failli plusieurs fois perdre son emploi. Le procès avait attiré l'attention de son employeur. Celui-ci craignait de perdre ses clients. La nuit, ils font des cauchemars. Ce n'est pas facile. Mais ils ne céderont pas. Leur révolution, ils ne l'accomplissent ni à coups de fusil ni à coups d'injures. Prêts à lutter, au fond ils ne demandent qu'une chose : qu'on les laisse s'aimer en paix. Anthony s'est tu. C'est rare. Son regard couleur lavande s'est brouillé. Il s'est frotté les yeux. Il a repris : « Richard est la seule famille au monde qu'il me reste. » Richard a pris la parole. C'est rare. « Ne t'en fais pas, a-t-il dit. Tu sais bien que nous survivrons à tout ça. Regarde, des cinq couples mariés avec nous à Boulder, nous sommes le seul à tenir encore. Quelques mois, quelques années de plus pour nous qui nous aimons, quelle importance ? »

Sur Santa Monica Boulevard, le trafic est interrompu depuis onze heures ce matin, entre les studios de Hollywood et les tours de Century City.

Aujourd'hui, c'est le jour du défilé homosexuel de Los Angeles. Arrivé vers trois heures, je me fraye un passage, entre les jambes des jeunes gens en shorts, pour atteindre le goudron tiède. Une milicienne martiale du service d'ordre m'informe que j'encombre la voie. Je lis sur son tee-shirt : Women Gay Movement... Je me blottis contre les rangers cirés des deux hommes, debout, derrière moi. En dépit de la chaleur, le plus grand porte une cagoule. L'autre, une paire de menottes passée dans la boucle de son ceinturon à clous, a posé sa lourde main noire sur la nuque de cuir de son compagnon. Son regard est lointain. Un 14 juillet sous les palmiers... sans blindés et sans enfants.

Derrière la triple rangée frémissante des spectateurs au coude à coude, on a décoré de longues bannières les façades des boutiques de « Boys Town ». L'équivalent à Los Angeles de Castro Street. Sur les terrasses et les balcons surchargés, des hommes dansent, se tenant par la taille. Plusieurs d'entre eux unissent leurs bouches contre le ciel intense.

Au bout de mes baskets, crissent maintenant les bottines argentées des majorettes. Elles portent un ensemble bleu phosphorescent. Elles portent aussi la moustache. En rythme, la mine grave, elles lancent leurs baguettes de couleur. Plus haut, un bouchon immobilise le cortège. Elles piétinent derrière les culottes courtes de la chorale mixte des lycéens homosexuels : garçons et filles chantent des ballades. Les motards du service d'ordre tapotent les fesses des écoliers, indifférents. Un détache-

189

ment monté des cow-boys homosexuels d'Amérique piaffe devant celui des infirmières lesbiennes. Le chef de file, droit sur sa selle, arbore un étendard : « Halte au mensonge, Buffalo Bill lui aussi était gay. »

Les gays mormons, secte ultra-puritaine, défile en bon ordre. Ils devancent les forces de l'association des dentistes en mini-blouses blanches. Avocats et juges en jabots de fortune rigolent, torses nus. La foule trépigne à l'approche des pâtissiers du Texas. Ils portent un tablier aux couleurs du Sud et des toques en forme de phallus, hilares. « Nous aussi nous voulons une part du gâteau », annoncent les banderoles. Un coiffeur au cran gominé s'est peint deux larmes rouges sous les yeux. « Il est très connu, me dit mon voisin (il baisse la voix), son amant, un acteur de la télé, l'a plaqué récemment, tout le monde ne parle que de ça. »

Périlleuses bousculades sur les toits. Je me penche vers la droite. Dans une Cadillac décapotable, huit vieillards éteints entonnent : « Mon fils est homosexuel et je l'aime. » Des guerriers indiens bandent leurs arc et érigent leurs haches. « Où as-tu trouvé ces plumes ? » s'extasie un admirateur.

Les chaînes et les fouets courts des membres du « Palais orgiaque » claquent. La délégation latino-américaine, à bout de souffle, scande : « Aidons nos frères cubains. »

Un groupe de lesbiennes décoiffées hurlent sur la chaussée brûlante : « Nous sommes des laissées-pour-compte de ces abominables mâles chauvins. » Mes voisins de cuir ricanent.

Des croix géantes sont plantées sur un char en deuil. Trois hommes y sont cloués. Ce sont les martyrs de l'« Indulgence Éternelle », organisme dont la vocation est la rédemption des chrétiens violés.

Le pape de l'église homosexuelle, le révérend Perry, tenue d'ecclésiastique et col dur dégrafé, est debout dans sa limousine. Il semble préoccupé...

– Je déteste, dit-il, ce pastiche de la libération homosexuelle. Ce carnaval pitoyable d'éphèbes travestis, juchés sur des chars fleuris. Derrière cette mascarade, nous cachons notre solitude et nos suicides. Ce grotesque défilé est censé commémorer l'insurrection de juin 1969.

« C'était le lendemain de la mort de la chanteuse Judy Garland, notre idole. Elle chantait de sa voix rauque la peine et la douleur… Elle flattait notre masochisme latent. Elle était maigre, asexuée, splendide. Nous l'adorions. Le jour de son enterrement, nous l'avons escortée jusqu'à sa dernière demeure. Au cours d'une nuit torride, à la suite d'un incident banal dans un bar de Greenwich Village, nous sommes spontanément sortis par milliers, affronter la police casquée de New York. Ce fut un grand moment d'unité. Nous étions animés par la foi du désespoir, déterminés à renverser le tyran et à l'expulser à jamais de notre territoire.

« Au cours de cette longue nuit avait jailli l'étincelle. Une lueur d'espoir aujourd'hui éteinte. Ces parades ne sont qu'un mièvre amusement pour touristes. Soumis, bafoués, résignés, nous revêtons dans ce défilé du souvenir les oripeaux criards de notre désarroi.

« Je déteste cette complaisance. Dans les actes et dans le langage. Ce terme *gay* évoque notre insouciance. Autrefois, il désignait les travestis des pièces de boulevard anglaises du siècle dernier. Dire de Tennessee Williams qu'il fut un dramaturge gay est aussi incohérent que de parler du suicide gay. Par opposition à gay, on utilise le terme *straight*. Mais le contraire de *straight* (droit, carré), c'est courbé, ce n'est pas gay. Je préfère le mot homosexuel. Il est précis, honnête.

191

« Nous ne devons sous aucun prétexte rougir de notre choix sexuel. »

Ainsi s'exprime le célèbre écrivain John Rechy, auteur du roman à succès *la Cité de la nuit*, paru en 1962, et publié en douze langues. John est contestataire et contesté. Il a quarante ans. Son violon d'Ingres : faire le trottoir.

— Ma parade, c'est celle du trottoir. Mon combat, c'est celui des prostitués. Aujourd'hui, je me vends par narcissisme. Au-delà d'un certain âge, à Los Angeles, on n'existe plus. Trente dollars pour une passe attise mon amour-propre. Je donne des cours à l'université de Californie à Los Angeles. Un cénacle où se réunissent de jeunes espoirs de la littérature américaine.

« Après mon cours, je file me poster au cœur de Boys Town. Torse nu, j'adore guetter les clients du coin de Santa Monica et de Melrose. Malheureusement, on me reconnaît souvent : « C'est bien vous, l'écrivain ? » Je nie toujours. Parfois ils insistent. Il me faut leur dédicacer un livre sur le trottoir.

« Un jour, une voiture m'a accosté. Au volant, il y avait un jeune homme. J'ai reconnu un de mes étudiants. Il a baissé la vitre et m'a lancé : " Bonsoir, professeur Rechy ! Alors, comme ça, on fait les cent pas dans la cour de la récré ? "

« Sa remarque m'a follement amusé. Je ne fus pas surpris. C'est certainement l'un de mes plus brillants élèves.

« J'ai commencé jeune pour gagner ma vie, mais aussi pour rompre avec la monotonie de la bourgeoisie moyenne. Un soir, à La Nouvelle-Orléans, déprimé, j'ai écrit une longue lettre. Cette lettre est devenue *la Cité de la nuit*, mon premier roman. Puis j'en ai écrit un autre, puis un autre. Deux échecs. Dix ans après mon premier succès, je me retrouvais de nouveau à la rue, faisant le trottoir pour subsister. J'aime ces caprices cycliques du destin. J'ai écrit le *Sexual Outlaw* (le hors-la-loi du sexe). Une autobiographie. À présent, je fais le trottoir par plaisir. Je le fais aussi pour choquer. Par volonté de rompre avec le conformisme artistique bourgeois.

« Quelque chose en Californie incite à l'excès. Nous sommes aux confins de l'Occident. Le lieu où le soleil sombre dans les ténèbres de l'océan. La vie ici est un ballet de chaque instant. Certains évoluent avec grâce à la frontière de la nuit. D'autres sont moins aériens. Nous dansons avec le néant. C'est pourquoi j'aime l'extravagante ambiguïté de cette photographie de Marilyn Monroe qui couvre toute la surface du mur de mon salon. Les contours flous de sa silhouette flottant dans la pénombre du fond. L'invitation de ses bras tendus. Une invitation à conduire ou à être mené.

« Los Angeles est la capitale du narcissisme. Nous nous entourons de tout ce qui est beau, de tout ce qui est radieux, de tout ce qui est éphémère. Hollywood est le sanctuaire où naissent et meurent les étoiles.

« Avez-vous jamais bien observé la Californie du Sud ? Une forme de cercueil ou de miroir ovale. Les contours de cette double image symbolisent la dualité californienne : l'éclat des couleurs et le spectre obsédant de la mort. Aucune autre ville au monde ne publie une telle quantité d'annonces funéraires. Les princes du cinéma se font enterrer avec les attributs de leur puissance, allongés pour l'éternité sur les coussins de leur Rolls. À tout propos, le terme de la survie revient. Vivre avec frénésie l'instant du présent. Avant l'apocalypse, avant d'être broyé par les mâchoires hystériques des modes. Los Angeles, c'est un faune d'opéra chinois, rugissant seul dans la nuit tropicale...

« Juste en face de chez moi, le Griffith Park me le rappelle à chaque instant. C'est le plus grand parc, le plus beau, le plus insolite. Notre paradis. Nous l'avons conquis à force de luttes avec l'oppresseur. Ce parc est la bourse des valeurs physiques. Tous les dimanches, nous nous réunissons dans une clairière au nom prédestiné : " le point de vue ". Le dimanche n'est pas le jour des liaisons. Ce serait d'ailleurs impossible. Les buissons ne sont pas assez touffus pour accueillir cette foule dominicale. L'activité sexuelle est réservée aux jours de semaine. Elle atteint son paroxysme le vendredi. D'ailleurs les plus violents raids de police ont toujours eu lieu ce jour-là. Le pire, à ma connaissance, un Vendredi saint. Odieux blasphème !... La police a tout tenté pour nous déloger : rondes d'hélicoptères, charges à cheval. Ils ont même poussé le vice jusqu'à installer des bancs publics pour inciter les familles à venir pique-niquer.

« Ceux qui préfèrent pavaner en groupe se rassemblent dans le bas du parc. Les autres gravissent les collines jusqu'aux fourrés. C'est sur ces sommets qu'a eu lieu mon arrestation. Une fin d'après-midi, j'ai entendu des pas se rapprocher du buisson où je me trouvais avec mon amant du moment. J'ai écarté le branchage, intrigué. J'ai distingué un homme. Un flic. Il m'arrêta.

« Le juge devant lequel nous avons comparu par la suite décida de procéder à une reconstitution sur les lieux mêmes du forfait. Le jour de la convocation, je partis en avance. J'empruntai un raccourci à travers les sentiers. En costume et en cravate, je courus de buisson en buisson, hurlant comme un forcené : " Attention, attention, le juge arrive. " J'assistai à un envol d'hommes nus. Le vieux juge est alors arrivé, gravissant la côte avec son cortège d'experts. Il éternuait sans cesse, prenant des mesures dans le fourré et remplissant le procès-verbal. Je ne pus retenir mon rire. Cela m'a coûté six mille dollars.

« L'expression de notre libération sexuelle est controversée. Pour moi, s'accoupler avec des inconnus dans le parc, en pleine nature, c'est un acte sain, innocent. Une situation à l'opposé de celle de San Francisco où l'on s'unit dans les bars obscurs et les clubs sado-masochistes. Ils singent le comportement répressif de nos oppresseurs. Se déguiser, porter des vêtements de deuil, se livrer à des simulacres de violence dans les palais orgiaques, c'est une régression. Ce cuir noir et ces uniformes durs annoncent la mort de la sexualité. Nous camouflons notre colère et notre frustration derrière les murs clandestins et calfeutrés de ces salles de torture aux rituels figés. En ce sens, on peut dire que l'homosexualité en Californie passe par une phase périlleuse. J'assiste à un étrange machisme de la part des homosexuels. Les habitants de Castro Street, par exemple, à San Francisco, veulent à tout prix s'identifier à l'image rassurante de l'Américain moyen, cheveux courts bien coupés et allures viriles.

« Nos faiblesses sont compréhensibles. Nous appartenons à la seule minorité directement issue de la bourgeoisie opulente. Nous sommes blancs en majorité, souvent aisés. La plupart d'entre nous appartiennent à l'élite intellectuelle et artistique de la nation. Nous avons été bercés dans notre enfance par les poncifs de la puritaine majorité bourgeoise : le dollar et la Bible. Adultes, nous héritons des attributs de cette puissance. Et d'ailleurs pourquoi ne le ferions-nous pas ? Elle nous appartient. Alors nous acceptons les concessions pour survivre. En cachette, la nuit tombée, nous exorcisons notre douleur au cours de pathétiques messes noires.

« Je veux que les jeunes prennent conscience du dilemme auquel ils seront à leur tour exposés. C'est pourquoi je donne des conférences dans les universités du pays. Nous sommes la seule tribu sans descendants. Les générations montantes vont hériter de notre grandeur ou de notre lâcheté, en Amérique, des hommes. Des hommes dignes, des hommes en colère et non pas seulement, comme le suggèrent nos juges, une folle meute d'automates pervers montés sur patins à roulettes...

Aujourd'hui la dernière frontière, le dernier « placard » d'où on sort, c'est celui de la bisexualité. Marvin Colter, directeur du Centre bisexuel de Californie du Sud, appelé « Arête », l'a écrit en italiques noires sur une brochure verte. La bisexualité c'est « la qualité d'être humain la plus raffinée qui soit ».

Maintenant, je me souviens. Ils sont apparus devant mes yeux, un soir, il y a deux ans, lors d'un débat. Ils se sont détachés de la foule assise sur la moquette. Ils avaient des costumes de lin orange vif. Je les ai vus de dos d'abord. Le même costume. Les mêmes mèches châtain sur le cou. Ils se sont retournés brutalement, devant la foule. Ils ont grimpé tous les deux devant l'assistance sur un escabeau à deux places. Sur le sein gauche, ils portaient un médaillon. Il y avait deux lettres orange gravées sur fond blanc « BI ». J'avais demandé à ma voisine :

– Qu'est-ce que ça veut dire BI ?

Elle n'avait pas eu le temps de me répondre. Le silence s'était fait.

– Voilà, avaient-ils dit, nous sommes bi.

Puis d'emblée, ils avaient harangué la foule :

« Qui dans cette assemblée n'a jamais aimé que des femmes ?

Des mains s'étaient dressées.

« Qui dans cette assemblée n'a jamais aimé que des hommes ?

Des mains d'hommes et de femmes avaient timidement répondu « moi ». Je me souviens. Ils avaient alors chacun à leur tour fait un discours. La découverte de leur bisexualité et sa pratique avaient transformé leur vie. Ils avaient disséqué, sur le ton d'un cours d'anatomie, leur « bi-plaisir » sur corps de femme et sur corps d'homme. Ils avaient un peu crié. Puis ils s'étaient rassis aussi brutalement qu'ils s'étaient levés. On les avait applaudis. Pas très fort. Ils avaient un peu intimidé. Peut-être n'était-il pas encore temps. Je m'étais dit :

– Pourquoi ont-ils besoin de clamer ainsi leur bisexualité ?

Au mois de juillet 1980, Marvin Colter m'a répondu. Il m'a dit :

– C'est parce que les bisexuels sont victimes d'une double discrimination. Les homosexuels les traitent de timorés. " Allez, avouez-le, vous êtes des hétérosexuels latents. " Quant aux hétérosexuels, ils leur disent : " Écoutez, décidez-vous. Aujourd'hui c'est très bien vu d'être homosexuel, " La société américaine nous refuse le droit de l'existence. Elle veut absolument que nous soyons l'un ou l'autre. Je suis homosexuel quand je fais l'amour à mon ami John et je suis hétérosexuel quand je fais l'amour à ma femme Carole. Quand je lis mon journal le matin dans le parc, je suis asexué.

Marvin Colter a rejeté ses cheveux blonds en arrière et m'a tenue chaleureusement dans ses bras. Puis il m'a fait asseoir sur d'énormes coussins jetés en cercle dans la salle de consultation. J'ai d'abord cru que je m'étais trompée d'adresse. Non, ce ne pouvait pas être cette cabane jaune serin, entre un magasin d'armes et une église baptiste. Pour venir à Whittier, cette banlieue réactionnaire de Los Angeles où est né Richard Nixon, j'avais circulé à travers un paysage de croix posées sur une brume de pollution. J'avais hésité sur le seuil de la porte. Un cow-boy aux traits durs était sorti de l'armurerie, flanqué d'un revolver. J'avais contourné encore une fois la cabane jaune et relu l'inscription à demi cachée sous le lierre, tout en haut à gauche, sur la façade. « Marvin Colter, docteur en psychologie. »

– Ce que je fais au milieu de Whittier, moi ? (Marvin avait éclaté de son grand rire et fait tinter tous ses colliers :) N'oubliez pas que les gens comme moi sont des enclaves dans une Californie façonnée par les quakers, les fanatiques religieux et les fermiers réactionnaires du Midwest, chassés dans les années trente par la Dépression.

« Maman..., avait-il, je me souviens, vos chairs énormes que vous saupoudriez dans votre boudoir. Vous étiez nue. J'entrais et vous disiez : " Ah, c'est toi. " Vous ne faisiez pas un geste pour vous cacher. J'aimais vous regarder dans le miroir. Votre peau couleur de miel. Je vous voyais sous toutes les faces... Je trouvais cela tellement naturel...

« Un jour, j'ai eu dix-neuf ans, je suis parti vers l'Ouest. Avec trois amis dans une guimbarde. Entre les deux côtes nous avons eu vingt et un pneus crevés. Nous avons failli mourir d'avoir mangé des sardines avariées. Je me souviens. Toute ma vie je vous reverrai, assis au milieu du désert, autour d'une ridicule boîte de conserve, courbés en deux par la douleur. Toute ma vie je reverrai ce croque-mort devant mes yeux. Il venait nous chercher pour nous mettre en bière... Un jour, nous sommes arrivés. Jamais je n'oublierai cette sensation quand j'ai vu le Pacifique. Oh ! mon dieu, me suis-je dit, mais cet endroit est fait pour moi. C'est le ciel qui me frappa le plus. Le ciel. Encore aujourd'hui il m'arrive de prendre ma voiture et de rouler, rouler, rouler jusqu'à ce qu'il n'y ait plus que du désert autour de moi. Le ciel. Je pouvais voir le ciel entier. Toute la voûte, de ce bout-là à cet autre bout. Jamais ne m'étais-je imaginé que le ciel était si vaste. Tant d'espace et cette lumière et le soleil, tout ce soleil, oh mon dieu, me suis-je dit, mais qu'est-ce que je fais à New York ? C'est à ce moment-là que j'ai commencé à croître exactement comme une fleur tropicale.

« J'ai trouvé du travail sur les chantiers Lockheed. J'ai eu quelques aventures avec des hommes. Rien de très important. Je n'étais pas très à l'aise dans ma peau à ce moment-là, pas comme maintenant.

« Un jour j'ai rencontré ma femme. J'avais toujours eu beaucoup d'amies femmes. Elle était belle, jeune, gaie, débordante d'énergie. Comme moi. Nous avions les mêmes valeurs, nous venions du même milieu social. Cela m'a paru tout naturel dans ces conditions de la demander en mariage. Je me souviens, il y avait de la brume partout, vous savez, comme ici à la fin du printemps ; je lui ai demandé dans la brume, sur les collines, devant les lumières de la ville qui dansaient, et, sans plus attendre, nous avons fait l'amour. Il faisait tiède, j'étais heureux, une sorte de gratitude ; j'étais heureux qu'elle me donne son corps, heureux d'aimer son corps de femme, j'avais eu un peu peur, vingt-cinq ans, c'était tard pour aimer sa première femme, mais je l'ai aimée dans la brume, sur les collines et devant les lumières de la ville, il y avait de la lune dans ses cheveux, je lui ai demandé si, la ville nous éclairait d'en bas, je lui ai demandé, il y avait des lucioles sur son visage, elle m'a dit... et des voitures ont vrombi derrière nous, il y avait toute la lune sur ses lèvres, j'ai mis toute sa bouche dans la mienne, oui, elle m'a dit, oui, elle m'a dit oui.

« Très vite j'ai su que je ne pourrais réprimer mes pulsions homosexuelles. Mais je ne l'ai pas dit à Carole. Je lui ai menti. Enfin si on veut. Je lui ai dit que j'avais aimé des hommes mais que j'avais fait l'amour avec beaucoup d'autres femmes. J'ai menti, jusqu'en 1971. Pendant dix-huit ans j'ai été un époux modèle. Je ne voulais pas détruire mon mariage. Pas une seule infidélité à Carole. Heureusement, j'avais mes fantasmes. Je m'imaginais faisant l'amour à des hommes. Aussi longtemps que je pouvais avoir les deux choses, ma femme et mes fantasmes, j'étais satisfait. J'adorais Carole. Je l'adore toujours. Nous sommes mariés depuis vingt-six ans.

« Progressivement je me rendis compte que si notre culture anglo-saxonne était un tel ratage, si nous sommes si névrosés, c'est parce que chez nous ni les femmes ni les hommes ne reçoivent assez d'affection quand ils sont enfants de la part d'un être du même sexe. En particulier les hommes en Amérique. Souvenez-vous des scènes familiales. La mère berce l'enfant et le père debout, les bras ballants, berçant sa masculinité châtrée. Il meurt d'envie de cajoler cet enfant, de le couvrir de baisers, mais c'est un garçon et on lui a appris qu'un homme ne touche à un autre être que pour copuler. Il se retient, il souffre, mais il ne fait pas un geste. Ce ne sont pas les femmes qui ont détruit les hommes. Ce sont les pères qui ne savent pas comment parler à leurs fils.

« Un jour, j'ai décidé d'aller plus loin avec John, un jeune homme de vingt-sept ans. Entre-temps, j'avais appris à refuser le mensonge. Je me souviens, c'est pendant les vacances de Pâques que j'ai décidé de le dire à Carole. Il y avait des adolescents partout dans la maison. Mon fils était parmi nous. Il avait dix ans à l'époque. J'ai tout dit. Carole est devenue hystérique. Elle a menacé de se jeter par la fenêtre, d'aller tout dire à ma mère. Comme si maman, chère maman, vous ne saviez pas. Elle s'est calmée. C'est une femme intelligente, sensible. Elle sait que nous vivons dans un monde incohérent. Au début, elle a joué à l'enfant. " O Marvin, m'a-t-elle dit, je ne peux pas dormir quand tu n'es pas dans mon lit. " J'ai ri : " Pourquoi ? Tu as peur que les grands méchants loups viennent te dévorer au milieu de la nuit à Whittier ? " Je lui ai appris à voir le bon côté des choses. " Les soirs où je dors chez John, tu es libre comme l'air du temps. " En fait, je lui ai expliqué que c'était plutôt moi qui perdais au change. Toute la semaine je cours d'une maison à l'autre. Trois jours chez John à Los Angeles et quatre jours chez Carole à Whittier…

« Depuis elle est beaucoup plus indépendante. L'autre soir, elle m'a dit : " Tu sais Marvin, finalement j'aime assez mes trois nuits libres par semaine. " J'étais ravi.

Le téléphone vient de sonner. Marvin bondit :

« Oui, chérie. J'ai terminé dans dix minutes. Je passe te prendre. (Il se retourne vers moi :) C'est ma femme, j'ai promis que je déjeunerai avec elle.

Marvin m'a tenue une nouvelle fois dans ses bras. Il est un peu étourdi par ses aveux. Il est reconnaissant. Il me le dit avec ses bras serrés plus fort qu'à l'arrivée. Puis il part en courant rejoindre Carole. Ce soir, il prendra la route de sa deuxième maison, celle où il vit une autre vie, son autre amour pour John. Ou est-ce le même, le même amour, qu'il fera cet après-midi à sa femme Carole après un très affectueux déjeuner ?

En sortant de ce cabinet serein de Marvin Colter, j'ai regardé une dernière fois la cabane égarée dans cette campagne urbaine et réactionnaire. « Regardez les statistiques, m'avait dit Marvin, ce sont les gens normaux. » Selon l'étude de Kinsey sur la sexualité américaine, 46 % des hommes américains avouent, sur l'intimité d'un formulaire, être sensibles aux attraits sexuels d'un autre homme. 32 % d'entre eux ont eu des expériences homosexuelles. Chez les femmes, 28 % avouent leur attirance pour une autre femme. 13 % d'entre elles ont fait l'amour à d'autres femmes sans pour autant interrompre leurs relations avec les hommes.

« Les salaires sont ici les mêmes pour tous. Nous ne pratiquons pas la discrimination sexuelle. Les femmes se rendent à leur travail en pantalon, les hommes en jupes. Cette mesure est en accord avec le principe de l'égalité des droits. »

David Hall m'a montré, ravi, cette affichette ; il a la ferme intention d'obtenir l'autorisation de la faire placarder sur toutes les vitrines des supermarchés de la ville de San Francisco.

David Hall est un militant. Il milite pour le port des jupes masculines. Il habite à deux pas du Stanford Research Institute où il est informaticien.

David et son épouse Félicité se préparent pour la soirée qu'ont organisée en son honneur les collègues de David. Il vient d'être promu dans la catégorie *Senior Researcher*. David, torse velu et barbe fournie, hésite devant la garde-robe de leur chambre à coucher. Il tâte une jupe longue en jean, un pantalon en coton, un short kaki, une jupe en tissu léger dans les tons bruns avec un empiècement sur le devant. Sa main s'attarde sur une troisième jupe en jute orange décorée de perles indiennes.

– Qu'en penses-tu, Félicité ? Si je mettais ma *Classic Egyptian*, ce soir ? Je trouve que c'est celle qui me va le mieux. Et puis le tissu est beaucoup plus frais que celui de la *Perfect Balance*. La nuit est moite. Je serai plus à l'aise.

Félicité, moulée dans un jean signé Sassoon, recourbe et peint ses cils au-dessus du lavabo. Sans se retourner, elle crie :

– Non, David, pas ce soir. Il y aura ton patron. Mets un pantalon.

Tim et Brian, deux des quatre garçons de David et Félicité, sont vautrés sur le lit de leurs parents. Ils se battent gentiment et ne s'interrompent que pour faire écho à leur mère :

– Ah non, papa. Tu ne vas pas mettre ta jupe ce soir ! La dernière fois quand tu es sorti habillé comme ça chez les parents de nos copains Bob et Greg, nous nous sommes fait charrier par nos camarades de classe. Même que notre prof d'éducation sexuelle a choisi d'en faire le sujet de discussion du jour. Nous ne savions plus où nous fourrer.

David a décroché sa jupe et a commencé à l'enfiler, imperturbable :

– Dites donc, les garçons, et votre mère, vous avez vu comment elle est habillée ? Ça ne vous fait rien qu'elle porte un Levis comme vous ?

Les garçons ont bredouillé quelques mots et ont continué de se rouler sur le lit. Félicité, au-dessus du lavabo, a posé une ombre mauve sur sa paupière et a avalé sa salive. Elle ne devrait pas, c'est vrai, en vouloir à David. Mais ce soir elle est lasse, anticipant les susurrements de la femme du patron de David qu'elle déteste.

Ce n'est pas par provocation que David, certains soirs ou matins, décroche, d'un portemanteau de leur placard commun, l'une des trois *skerts* (avec un *e*) (jupes qu'il a dessinées et confectionnées) : la *Classic Egyptian*, la *Perfect Balance*, la *Fitting Yoke*. Ces jupes ne sont pas unisexes. David les a conçues en fonction de l'anatomie masculine. L'empiècement sur le devant accentue les lignes du corps masculin. Le tissu choisi résiste davantage aux gestes virils. Les couleurs sont plus neutres.

Le port du pantalon a exprimé, sur le plan vestimentaire, l'émancipation de la femme. David est formel :

« Si nous portons des jupes, c'est pour célébrer notre émancipation, notre nouveau rôle d'androgyne que les femmes ont réclamé et dont l'avènement nous ravit. Nous aimons les femmes émancipées ; les femmes nous aiment ainsi, en hommes délivrés.

Ce samedi matin, à San Diego, l'océan frappait brutalement contre la villa de l'Androgyny Center (le centre de l'androgynie) où Ed Elkin, thérapeute et vétéran du Human Potential Movement, m'avait invitée à son séminaire « Comment devenir androgyne ». John-David Shonbrook, le directeur du Centre, avait ouvert la séance en inscrivant au milieu du tableau les trois lettres : S E X. Nous lui avions donné à la criée les sentiments négatifs qu'évoquait pour nous ce terme.

La mer était grise et je manquais d'entrain. Appréhension et lassitude. Une énième séance de groupe, des gens assis en cercle et cette désespérance à vouloir être « sauvé », là, à l'instant, devant le regard des autres, dans cette salle à manger de mauvais goût. Ils vont se purifier dans les glouglous du Jaccouzi [1], sangloter ou se pâmer dans les bras de leur voisin. Ils vont dire « merci, merci d'avoir partagé ». Ils vont plonger dans les miens leurs yeux affamés de plaisirs et me réclamer tout entière comme si j'étais un sachet de soupe instantanée. Six heures de vie

1. Jaccouzi : bain chaud avec des jets d'eau violents.

commune en un après-midi banal, et ils vont vouloir m'offrir leur être entier. Ils vont vouloir que je leur donne le mien. Un code aussi figé parfois que celui qui enjoint de ne rien donner, quoi qu'il arrive. Un à un, ils vont dire au maître de cérémonie : « Jamais je ne vous remercierai assez pour cette expérience déterminante dans ma vie. » Il vont alors prendre les autres dans leurs bras, lover leurs têtes dans leurs épaules puis les caresser comme un amant qu'on aurait cru perdu. Il vont s'asseoir exactement comme on le leur dit, participer, opiner du chef, s'extasier. Ils ne vont pas tricher un peu ni mentir beaucoup.

« Décidément, me diraient-ils, vous n'êtes pas très positive ce matin. » Non, je suis même agressive. Leur bonne volonté envers et contre tout m'irrite, tout particulièrement aujourd'hui. Surtout lorsque l'objet de ces soins est, encore et toujours, leur personne, leur moi.

Quand, tout à l'heure, les dix passagers de ce jour-vaisseau, traînant le long du Pacifique, prendront des fraises dans des bols posés au centre du cercle et s'en nourriront les uns les autres avec des plaintes de plaisir, je serai prête à me lever, à faire un esclandre. Leur dire qu'ils feraient mieux d'offrir ces fraises aux enfants de la famine. Leur crier que j'ai toujours su savourer ce fruit et qu'ils ne m'apprennent rien. Hurler que je n'ai qu'une envie : mordre les doigts dégoulinants de mon voisin nourricier, les mordre jusqu'à l'os. Je ne veux pas me prêter à cette abêtissante expérience. Je ne peux pas exprimer du plaisir car je n'en ai pas. Ce fruit au bord des lèvres, ce fruit permis, ce donneur que je n'ai pas choisi… Quel ennui. Mais je ne dirai rien. Ils ne m'ont d'ailleurs pas attendue pour se mettre à genoux et se contorsionner vers des doigts qui leur tendent ces plaisirs rouges et grenus plus ou moins tendrement, brutalement, ludiquement, sadomasochistiquement, amoureusement. Ils s'enroulent ; gémissent, ferment les yeux, en redemandent… Le cercle s'est brisé. Deux femmes nourrissent un homme qui en nourrit un autre. Un troisième homme m'observe, fraise en main. Je ne lui souris pas. Il choisit un autre destinataire. Je les déteste. Un autre visage, radieux, me demande d'une voix sirupeuse : « Accepteriez-vous de partager cette fraise avec moi ? » Je la prends rageusement dans mes dents, d'un coup. Il sourit : « Quelle sensualité avide ! » Il était temps. Il ne reste plus une fraise dans les bols. « C'était, dit John-David l'animateur du groupe, pour vous réapprendre à apprécier bouchée après bouchée ce somptueux plaisir de la fraise, fruit préféré de l'homme, métaphore de l'amour. C'était pour vous rassurer, vous apprendre que votre voisin est là pour vous nourrir, pour vous donner le plaisir, pas pour vous le retirer. »

Il faut que je me reprenne : ce n'est peut-être qu'une défaillance matinale. Ici, à San Diego, a eu lieu pendant les derniers jours de juin la Conférence internationale sur l'androgynie. Pendant trois jours, cent cinquante androgynes venus de onze pays du monde ont tenu conseil dans l'hôtel Bahia.

— L'androgynie, m'avait-on dit, c'est le dernier en date des modes de vie alternatifs. J'avais cru d'abord qu'il s'agissait d'une variante de la bisexualité.

— Non, avait protesté Ed Elkin, l'androgynie est indépendante de la sexualité. C'est un état d'esprit, une synthèse des aspects masculin et féminin de chaque individu. Le yin et le yang de la philosophie chinoise. Les travaux récents des biologistes californiens ont donné à ce mouvement un fondement scientifique. Ils ont révélé l'existence d'une action conjuguée des deux hémisphères du cerveau, le droit et le gauche. Une union qui transcende les préférences sexuelles épidermiques de l'individu.

J'avais voulu en savoir plus. À la terrasse du café Fig Tree, Ed avait mordu dans un sandwich de pain complet, farci de pousses de luzerne :

— Devenir androgyne, c'est apprendre à reconnaître les énergies complémentaires en chacun de nous. C'est cultiver la communication entre ces deux pôles. Tenez, moi par exemple, cet exercice m'a apporté de grandes satisfactions. La femme en moi, s'appelle Lillith, c'est mon *anima,* ma compagne féminine. Je l'ai reconnue, je lui ai donné un nom et, chaque jour, j'ai avec elle de fascinantes conversations.

— Mais, comment faites-vous pour rencontrer votre *anima,* lui avais-je demandé intriguée.

— Venez donc à San Diego début octobre. J'anime un atelier « Comment devenir androgyne ».

J'y étais donc…

J'étais tendue. John-David avait annoncé qu'aujourd'hui, pour le prix d'un séminaire, on aurait droit à deux. John-David et Ed avaient fait fusionner l'atelier sur l'androgynie avec celui sur le tantra, dans lequel on apprend à réconcilier entités spirituelle et sexuelle. En prenant place à côté du tableau, John-David avait plissé les yeux : « Nous allons à présent aborder ce merveilleux sujet, la sexualité. » J'avais vite fait le tour du cercle : deux hommes d'une cinquantaine d'années à la peau pâle, deux beaux jeunes gens vêtus de satin rouge, une jeune femme un peu masculine, une dame de quarante-cinq ans dans une robe à fleurs de Prisunic, deux adolescents au torse glabre et aux cheveux déteints par le soleil, humides encore d'avoir, tôt ce matin, dévalé le surf. Allait-il donc falloir encore prétendre aimer de but en blanc ces étrangers ? « C'est votre blocage, me dira plus tard l'un des deux leaders du groupe, laissez-vous aller, abandonnez-vous. » Je me suis calée contre le mur entre deux gros coussins, en retrait du cercle, caparaçonnée.

John-David nous a demandé de nous regrouper deux par deux et, pendant trois minutes, chacun des membres de ces couples a débité, en fixant l'œil gauche de l'autre, le discours confus que lui inspirait la sexualité. Le vieux monsieur malingre qui me fait face déclare son incapacité à trouver des mots négatifs pour désigner des expériences sexuelles. Il a toujours trouvé l'amour naturel. Sa femme est morte il y a huit ans. Au début il a eu beaucoup de chagrin mais petit à petit il s'est consolé. Il a une vie sexuelle très active car il fait très bien l'amour et les femmes le poursuivent. En fin de compte il déborde d'amour et n'a qu'un désir : l'offrir aux autres. Je ne comprends pas très bien ce qu'il fait ici. Il est curieux, c'est tout. Il aime rencontrer des personnes nouvelles, s'instruire.

Plus tard, chaque centimètre carré de son visage maigre tremblera. Il serrera les lèvres, usant de ses deux poings fermés pour ne pas laisser jaillir les sanglots.

– Laissez-vous aller, lui dira Ed, sanglotez, vous en avez envie. N'ayez pas peur, nous sommes tous là.

Il cédera à quelques sanglots étouffés puis criera :

– Je suis plein d'amour. Mais j'ai peur de le perdre.

Ed lui lancera un gros coussin.

– Répétez ceci à ce coussin comme si ce coussin était l'amour. Criez : " J'ai peur de te perdre. "

Le vieux monsieur a crié :

– J'ai peur de te perdre.

– Plus fort.

Il a crié plus fort :

– J'ai peur de te perdre, j'ai peur de te perdre.

Les autres l'ont rassuré.

– N'ayez pas peur. Nous sentons en vous cet immense amour. Vous ne pouvez pas le perdre. Vous êtes l'amour.

Ed a répété :

– Oui, vous êtes l'amour.

Puis il a ordonné :

« Maintenant, changez de place. Asseyez-vous sur ce gros coussin posé devant vous. Et parlez comme si vous étiez lui. Parlez à la première personne. Dites : " Je suis l'amour. " Répétez plusieurs fois : " Je suis l'amour. "

Le vieux monsieur s'est assis en face de sa place vide, sur le coussin et plusieurs fois il a répété " je suis l'amour, je suis l'amour ".

Son visage s'est progressivement décrispé, il a sourit.

– Je suis l'amour, a-t-il dit calmement.

Plusieurs fois, d'une voix assurée, comme s'il avait toujours su, il a redit :

« Je ne vais pas me perdre, c'est absurde, je ne peux pas me perdre, je suis l'amour.

Il souriait. Il a ouvert les yeux. Nous lui souriions.

– Quelqu'un veut-il dire quelque chose à Allan ? a demandé Ed.

Sa voisine, la dame en robe de Prisunic, a tendu ses bras vers lui, l'a caressé longuement et lui a dit :

– Je vous ai senti déborder d'amour. Vous m'avez irradiée. Il est impossible que l'amour vous lâche. Impossible.

J'ai regardé Allan. Je lui ai fait un signe de tête et un sourire. J'étais sincère. Il m'avait émue. La crainte d'avoir trop d'amour. Une sensation familière. Je lui ai dit :

– Moi aussi, je ressens beaucoup d'amour, mais parfois cette abondance m'effraie.

Il m'a remerciée.

Allan était le premier du groupe à terminer son exercice d'initiation à l'androgynie. Ed nous avait dit :

– A présent, je vais vous apprendre à reconnaître votre totalité. Chaque être humain est composé de deux moitiés : un être masculin et un être féminin. Jung désignait par *animus* l'aspect masculin de l'inconscient d'une femme, et par *anima* l'aspect féminin de l'inconscient de l'homme.

« Devenir androgyne c'est reconnaître et accepter cette dualité, son dynamisme, et tâcher de retrouver un équilibre, souvent détruit par notre société occidentale, entre ces deux aspects de l'univers et de l'être. L'androgyne est l'être idéal, parfaitement équilibré.

« Vous pouvez atteindre cet équilibre grâce à des exercices. Pour intégrer au sein de votre être ces deux parties contraires, il vous faut d'abord les reconnaître. Si vous êtes une femme, vous parlerez comme si vous étiez face à votre *animus*. Vous vous dédoublerez. Par une série d'exercices physiques et mentaux, vous allez prendre conscience de cette dualité et vous rééquilibrerez vos deux êtres complémentaires. Ensuite, chez vous, tout seul et plusieurs fois par semaine, vous vous entraînerez à cet exercice. Vous verrez, cette relation, si vous la cultivez, sera d'une importance fondamentale pour votre épanouissement. Votre bien-être. Maintenant, fermez les yeux. Je vais vous conduire vers votre autre moitié d'être. (Il se tourne vers les hommes :) Vous, vers votre *anima*. (Il se tourne vers les femmes :) Vous, vers votre *animus*.

« Pendant une vingtaine de minutes je vais vous guider à travers un rêve éveillé. Vous êtes au bord d'un champ immense. L'herbe ondule. Une brise légère. Voyez ce champ, sentez-le, donnez-lui une couleur. Imaginez-vous debout au bord de cette surface sans limites. Tendez les yeux vers l'horizon. Regardez loin. Une forme… Une forme d'abord imprécise va apparaître. Regardez-la grandir, se préciser, prendre un visage. Si vous êtes un homme, donnez à cette forme un visage et un corps de femme. Si vous êtes une femme, donnez-lui un corps masculin. Maintenant, demandez-lui son nom. Puis marchez vers elle. Observez votre démarche. Voyez-la à son tour venir à vous. Arrivé à sa hauteur, parlez-lui. Que vous dit-elle ? Que lui dites-vous ? Communiquez avec cette forme. D'abord avec des mots, puis ne parlez plus. Communiquez avec des gestes. Que faites-vous ? Que se passe-t-il ? Explorez cette relation. Cultivez-la…

Il s'est tu.

Il reprend :

« Laissez très lentement s'évanouir le rêve. Rouvrez les yeux. Pas de mouvement brusque. Levez-vous lentement et marchez dans la pièce. Marchez sans parler. Mêlez-vous aux autres. Communiquez par gestes. Laissez-vous guider comme si vous étiez somnambule.

Une femme a marché vers une autre femme sans cesser de la regarder. Elles se sont étreintes. Allan a retrouvé la dame en robe de Prisunic. J'ai quitté le groupe et je suis allée coller mon nez contre la porte vitrée, cherchant dans l'océan gris ma vision qui s'évaporait, celle d'un soleil, immense, réconfortant, masculin.

De la cuisine monte une odeur de poivre de Cayenne et de céleris croquants. John-David, le directeur du centre, touille dans une marmite avec une spatule de bois. Il rajoute un peu de soja, quelques oignons, et brasse à nouveau. Les deux adolescents l'ont rejoint. Celui aux yeux verts et à la peau d'ivoire a posé la tête sur son épaule. L'autre garçon, aussi jeune mais moins séduisant, a posé sa main droite sur son autre épaule. John-David prend une cuillère de soupe et la fait laper aux deux garçons. Ils ronronnent sans quitter leur maître des yeux.

– Je suis un enfant des années soixante, a commencé John-David. Je parlais sur Radio-Hanoi pour dénoncer la guerre bien avant que Jane Fonda n'en fasse une mode. J'avais de la rage plein le cœur si bien qu'après avoir milité contre notre gouvernement sur les campus californiens, je suis parti me battre en Afrique au service des armées de libération noires. J'étais un mercenaire blanc. Je me suis battu avec Ben Bella en Algérie. J'ai connu la prison, la torture, puis je suis devenu un homme d'affaires en Afrique. J'ai fait fortune. Je plaçais l'argent des riches Africains dans des banques suisses. Mais j'étais toujours insatisfait. Je ressentais une immense solitude. J'avais trente-six ans, pas d'amis. J'avais quitté mon pays. Je suis rentré en Californie, impatient de retrouver la vie que j'avais abandonnée. Pendant un an, je suis passé par tous les groupes de rencontre que je pouvais trouver... Pas un ne m'a échappé. J'ai appris à me connaître. Je me suis rendu compte que j'avais développé à outrance mon yang, ma combativité. J'avais rempli le rôle du parfait macho, j'avais tenu un fusil, j'avais tué. J'avais satisfait ma soif de pouvoir, d'argent. Mais mon être féminin était resté atrophié. Je n'avais jamais utilisé mon énergie pour développer mes relations avec autrui. Je n'avais jamais vraiment aimé. C'est pour découvrir cet aspect inexploré de ma personnalité que j'ai fondé, il y a quatre ans, le Centre pour l'androgynie. Aujourd'hui nous comptons six cents membres. Je donne des cours aux présidents des grandes entreprises. Je leur dis qu'ils seront beaucoup plus efficaces et plus riches s'ils développent leurs aspects féminins.

« Le repas est prêt. » Le jaccouzi fait des vagues. Des corps en sortent pudiquement et se rhabillent. Nous déjeunons. Puis nous choisissons notre infusion favorite. Chacun se détend à sa façon.

À deux heures, nous nous rasseyons en cercle. John-David et les deux garçons sont absents. Il y a quelques minutes, j'ai entrevu deux paires de jambes blondes derrière les barreaux de la rampe montant à l'étage. Nous attendons que le groupe soit au complet. « Mais où est John-David ? » Ed s'impatiente. Un troisième garçon chuchote quelque chose à l'oreille d'Ed. Nous attendons. Bientôt, à l'étage, des portes claquent et à pas feutrés John-David descend l'escalier. Son pantalon de lin est froissé. Il a des couleurs sur le visage. Il prend sa place au centre du cercle :

– Excusez-moi pour ce retard. Mais j'étais allongé contre les plus jolis garçons de la terre, et j'ai pensé que vous me pardonneriez de vous avoir sacrifié quelques minutes pour céder à ce plaisir. Il m'a fallu beaucoup de courage pour vous dire cela. Mais vous n'êtes pas des gens comme les autres, vous comprendrez.

Les deux garçons se sont faufilés silencieusement parmi nous. Ils se sont tous deux allongés sur le ventre, un peu en retrait du cercle, les mains sous le menton. Ils taquinent de loin John-David. Ils ont quinze et quatorze ans.

– Il nous faut remonter aux théories de Darwin ; seules survivent les espèces qui s'adaptent le mieux à leur environnement. Sans doute a-t-il existé une époque où la dureté de l'environnement a justifié la différenciation très stricte des genres. Pour survivre, dans le passé, les nations ont dû se comporter de façon très masculine ; elles ont dû agresser pour protéger leur territoire, se défendre. Mais aujourd'hui notre environnement a changé. Notre comportement doit se modifier en conséquence sinon l'espèce ne survivra pas. Non seulement aujourd'hui nous n'avons plus besoin de faire appel à des comportements strictement masculins mais la féminité est devenue notre dernière chance. La force nucléaire par exemple témoigne d'une attitude périmée, masculine, qui constitue un danger grave pour l'espèce humaine. Les hommes doivent donc se transformer de manière à adopter des comportements plus féminins, de participation, de douceur, de pacifisme. Parallèlement, les femmes doivent sortir d'elles-mêmes afin d'imposer au monde leur féminité. Oui, je le crois, l'androgynie peut sauver l'espèce humaine de l'autodestruction...

Il s'est assis dans un coin de l'immense salle aux parquets luisants et aux murs orange, entre un arbuste fragile et une rose pourpre. Il s'est assis devant le dessin d'un squelette inscrit dans une sphère et tracé à même la brique.

Il a inspiré, entrebâillé les lèvres, dilaté les pupilles, écarté les bras d'une égale distance, et les a arrondis devant lui en courbant le bout des doigts. Il a commencé de tourner lentement de tout son corps autour de la ceinture pelvienne. Il a dessiné le plus grand cercle possible avec son tronc. Il a mimé le mouvement de la Terre autour du Soleil. Puis il a incurvé l'épine dorsale sans modifier l'ouverture des bras, a décroisé les jambes, enroulé son torse vers l'avant, puis s'est roulé en boule et a projeté les jambes vers l'arrière. Il a recommencé.

– Ce mouvement, a-t-il dit, s'appelle la vague. Il peut être répété indéfiniment sans que le corps passe par un point fixe. Comme la vague s'enroulant et se déroulant contre la grève, la vague attirée et repoussée par le sable, la vague qui ne cesse de partir pour revenir. J'ai identifié dix-neuf centres dans le corps humain : les sept centres des épaules, les sept centres des jambes, les cinq centres de la ceinture pelvienne. Il y a cinq directions dans l'espace : le haut et le bas, le devant et le derrière, la direction latérale. La perception simultanée de ces cinq directions au sommet de la tête dans le cerveau en créent une sixième qui les contient toutes : l'omnidirection, la possibilité de concevoir dans une pensée globale ces cinq directions opposées, de les dépasser par une conscience de l'Unité. Le corps humain est alors en équilibre. La série de quarante-cinq mouvements que j'ai mis au point a pour but d'apprendre à l'étudiant que le corps humain est sans cesse en mouvement, que l'équilibre n'est pas statique.

Il a remis ses lèvres en cercle et après un silence a repris :

« Je m'appelle Oscar Aguado. Je suis danseur.

Il a la voix chantante, venue d'Argentine. J'ai trouvé, en Oscar Aguado, l'androgyne vers lequel m'avaient dirigé plusieurs amoureux du Nouvel Âge, la voix qui en résumait beaucoup d'autres, celle des êtres rencontrés au cours de mon voyage dans la Californie du tendre...

« J'aimerais pouvoir vous enseigner la danse. Mais j'ai une mission plus urgente. Je veux vous apprendre à vous réincarner dans une forme en équilibre. Je veux vous apprendre à faire l'expérience du mouvement et de l'harmonie de votre corps dans ses mouvements les plus quotidiens. Je veux vous apprendre comment bouger devant votre bureau de travail, dans les allées du supermarché, dans votre fauteuil le soir. Je veux que vous sentiez les blocages qu'ont mis dans votre corps les faux préceptes de la société occidentale. Sentez-vous craquer, faites l'expérience du malaise, laissez-vous aller, ne résistez pas. Relâchez ces tensions. Repartez comme la vague après avoir éprouvé la résistance de la grève, mouvement d'incessante harmonie.

Les mots d'Oscar Aguado résonnent comme dans une cathédrale vide.

« Les écoles de demain, avait-il dit, seront des cathédrales. Je veux parler d'un esthétisme bien sûr pas d'une religion.

Ramenant ses pieds sous le bassin, il s'est levé, a glissé sur le parquet luisant et s'est assis sur la chaise de métal blanc pour me parler de la genèse de son école The Center of The Form. Un rai de soleil n'a pas cessé d'illuminer son visage mobile et de poser, dans ses yeux noirs brillants déjà, un éclat de plus. Campé sur le plancher, son corps de danseur m'avait fait penser à un compas dont il aurait souvent écarté puis resserré les branches. Dans sa voix aux intonations extensibles comme un grand écart, il y avait une passion. D'emblée je l'ai trouvé exquis, son adjectif favori. Je l'ai aimé comme on aime les êtres impatients de vous mener là où ils sont arrivés, bien avant vous. Il a dit, aussi lointain qu'une étoile :

« Oui, un jour, il m'est arrivé une expérience transcendantale. Je me déplaçais dans un parc à New York. Soudain j'ai ressenti une parfaite harmonie. Chacune des pierres sur le sentier devant moi faisait rebondir mes mouvements. J'étais soudain capable de voir la lumière, de la toucher, de poursuivre avec mon corps la forme pure. J'avais triomphé de la pesanteur. Quand cette transe m'a quitté, je fus terriblement malheureux. La danse qu'on m'avait enseignée n'avait pas grand sens pour moi. Je n'ai plus eu alors qu'un désir : revivre cette expérience, retrouver cette unité, l'amour transcendantal que j'avais ressenti. J'ai lu tout ce que je pouvais trouver sur le concept d'équilibre. J'ai passé dix heures par jour pendant dix ans à essayer de mettre au point des exercices capables de capter la légèreté qu'avait prise mon corps, ce jour-là.

Il y a deux mois, je me suis enfin senti prêt à ouvrir cette école. A Santa Monica, dans ce lieu privilégié entre l'océan, le désert, la montagne et la ville, devant tout ce ciel, j'ai posé ma pierre. Les Californiens ont déjà commencé de bâtir un Empire de l'amour. Bientôt il s'étendra jusqu'à la côte Est. New York. Puis ce sera l'Europe, puis l'Asie, puis l'Afrique puis le monde entier puis le cosmos. Ce n'est pas un Empire au vieux sens du terme. Mais au sens d'une puissance pure, d'une communion de toutes les formes d'énergie manifestées dans le monde : les êtres humains, les animaux, les éléments naturels, les étoiles. Un monde en parfait équilibre, une forme supérieure de la beauté, l'Amour.

Il a continué à parler avidement comme s'il était pressé d'intervenir et de corriger le malaise.

« Le mouvement de libération des femmes et la pratique de l'homosexualité nous ont démontré que les genres n'étaient pas aussi définis que notre société judéo-chrétienne avait voulu nous le faire croire. Une femme pour l'amour n'a pas forcément besoin d'un homme et un homme peut très bien dans l'amour remplacer une femme. La bisexualité a permis à certains de pratiquer, au sein de leur être même, l'alternance entre deux formes, deux objets de sexualité. L'androgynie est logiquement l'étape suivante. Elle s'exprime plutôt comme une sensualité. Pour l'androgyne, toutes les formes perçues dans l'univers ont un attrait. Androgynes, nous n'aimons plus une femme ni un homme. Nous aimons l'espèce humaine. Nous l'aimons autant que nous aimons l'espèce végétale, animale ou élémentaire. Nous aimons une fleur, un homme, la mer, une femme, une étoile. Tout devient sensuel. L'amour n'est plus une tension vers un contraire comme il l'est dans une société dualiste. Ce n'est plus le désir de posséder l'autre coûte que coûte afin de reconstituer sa nature originelle. L'amour androgyne n'est pas un amour agressif, un amour de conquête. C'est un amour universel, la manifestation d'une intelligence, au sens où l'intelligence suprême est la compréhension de tout. C'est la manifestation de l'unité, l'unité interne de l'être humain, son unité avec l'univers.

« L'histoire est une roue. Nous sommes ici en Californie de nouveau dans l'engrenage de la roue, après deux décennies de déraillement. Nous nous rapprochons de l'origine. Nous nous rapprochons des principes de la civilisation grecque. Nous retrouvons l'idée d'une sensualité qui ressemble à celle que les Grecs pratiquaient dans leurs gymnases. Nous sommes sensibles de nouveau à l'esthétisme qu'ils avaient développé, l'amour intelligent, l'*agapê*. Les Grecs avaient donné une forme humaine à la beauté. L'éphèbe était l'image sur terre de cette conscience esthétique. Avant eux, les Égyptiens avaient une conception plus abstraite de la beauté. Plus universelle. C'est notre prochaine étape. Comme aucune autre civilisation, ils maîtrisaient la géométrie, l'astronomie. Ils aimaient et connaissaient les astres. Ils retraçaient dans la nuit les constellations. Ils avaient l'intuition de leur agencement. Nos écoles d'après-demain seront peut-être des pyramides. Elles ne prêcheront rien. Elles seront. De pures formes.

Oscar Aguado a chassé d'un geste le soleil posé sur son visage. Un air grave s'est installé sur le sourire.

« Je vous ai décrit mon rêve. Peut-être est-ce une utopie.

« Ma mission dans cette école est d'aider mes élèves grâce à une méthodologie de mouvements équilibrés et très précis à se transformer pour survivre, pour rejoindre leur place prescrite dans l'ordre de l'univers. La forme humaine n'est qu'en miniature une reproduction du système solaire. Pour être en équilibre, le système humain, composé de trois principales sphères, doit tourner autour du squelette, qui est le soleil si vous voulez. Il y a le cerveau, siège des fonctions mentales. Il y a le cœur où les émotions prennent forme. Et il y a le pelvis autour duquel gravite notre sensualité. Pour pouvoir évoluer dans l'espace, ces trois centres doivent exercer l'un sur l'autre une quantité d'énergie égale, sinon le squelette est bloqué, il ne peut fonctionner comme un tout. Je veux apprendre à mes élèves à se réincarner dans une forme en équilibre. Ce procédé comporte trois aspects : la compréhension mentale de cette forme ; sa pratique physique ; sa perception sur le plan des émotions. Seule la synthèse de ces trois exercices peut aider l'élève à intégrer l'intellect, le corps et les émotions avec la spiritualité, l'esprit. La forme n'est que l'incarnation, idéalement, d'une énergie, d'une spiritualité.

Il s'est tu. Il s'est rassis devant le squelette dessiné sur les briques. Il a de nouveau inspiré, entrebâillé les lèvres, dilaté les pupilles, écarté les bras d'une égale distance et a recommencé de tourner lentement de tout son corps. Le cercle est devenu de plus en plus large. Le soleil de nouveau s'est posé, là où se rejoignent les deux plis de l'aine. Il a tourné autour du soleil. Plus tôt, il avait dit : « Je suis un homme mais j'aurais aussi bien pu être une étoile, la terre ou la lune. »

Enfin... assez. Que de mots, que de discours, que de désirs. Plus qu'un désir. Dormir, seule, sans qu'on me désire. Pourvu qu'ils n'aient pas oublié que l'absence de désir peut être aussi un plaisir...

Renaître

« Avez-vous bien flotté ? » La voix douce, douce comme le sel fin qui nous picote encore la peau, comme le savon couleur d'amande fraîche qui nous a lissé le corps. La voix est mélodieuse.

Nous retrouvons la rue. L'océan au-dessus de Venice s'embrase. Dans la ville, les façades d'aluminium et de verre commencent de se racornir en bas à gauche comme des feuilles qui brûlent. Les voitures, fleuve de tôle enflammé, s'écoulent vers l'ouest en feu. Passagers dans ce soir-étincelle, nous sommes en paix.

Nous venions de flotter dans le caisson noir, le « tank » rempli d'eau tiède, invention de John Lilly, ce docteur en psychologie célèbre pour ses travaux sur le système de communication des dauphins. Il inventa le tank dans les années soixante afin de guérir ses patients des tensions nerveuses de la vie moderne et de stimuler leur imaginaire. Lancé sur le marché il y a quelques années, le tank fut baptisé Samadhi, du mot sanscrit dépeignant un état de contemplation profonde.

Cet après-midi, donc, nous avons fermé la porte au nez des personnages fourmillant dans notre périple et nous nous sommes couchés, chacun dans un Samadhi Tank, à même l'eau tiède, flottant haut grâce aux sels dissous dans le liquide. Nous n'avons pu d'abord fermer les yeux. Nous les avons écarquillés dans l'obscurité complète de nos berceaux-cercueils. Nous n'avons pu chasser la pensée macabre qu'avait suscitée à première vue le caisson noir où avait été gravé un sigle blanc, une sorte de croix, nous étions-nous dit. Mais le corps baignant dans cette eau de mère, nous n'avions pu ensuite que flotter à reculons vers les neuf mois de notre conception. Renaître…

Du pied, nous avons une dernière fois poussé la porte posée sur le caisson sans loquet. Rassurés par la lueur, nous avons de nouveau cambré le dos et éprouvé l'impossibilité de couler. Trop de sels. Nous nous dissolvions dans le liquide. Nous retrouvions un très ancien souvenir, notre plus primitive aventure d'amour, notre venue au monde.

Lorsque nous avons regagné notre corps, nous avons entendu une musique suinter des parois du Samadhi Tank. L'eau a un peu chanté aussi et, bientôt, nous sommes revenus au monde. La douche émettait des parfums plus odorants et l'eau tombait moins brutalement sur la peau. La serviette était plus blanche. Nous savourions chacune de nos sensations, plus ciselées. Nous étions briqués, comme neufs…

Avons-nous bien flotté dans l'aventure californienne ?

Nous y avons d'abord réappris la ferveur. C'est à bras ouverts que nos hôtes nous ont accueillis pour planter avec eux des racines nouvelles, un peu plus haut que le ras du sol dans l'ouate des nuages. Nous n'avons pas planté ces racines en Occident ni en Orient. Nous les avons plantées dans un « tiers-monde », une sorte d'archipel pas encore détaché de nos terres et n'en ayant encore rejoint aucune. « D'ici la décennie prochaine, a dit récemment une personnalité locale, noire, analysant le dernier recensement de population, la Californie sera le premier État du tiers-monde de la planète. » Au pied ensoleillé des gratte-ciel, dans les mégalopoles de l'Ouest, poussent des China Towns, des Vietnam Towns, des Japan Towns, des villes iraniennes, mexicaines et arméniennes. Bientôt les habitants du vieux tiers-monde composeront plus de 50 % de la population californienne. Ils sont venus de partout, pour rester. Ils n'ont qu'un désir, survivre, bien survivre.

Washington est à des milliers de miles, par-delà les barrières des Rocheuses et les passages de plaines. Tandis qu'ailleurs on se livre des combats d'arrière-garde, ici on a déjà détalé vers une autre issue. On bâtit au présent les vies de demain, du surlendemain.

La Californie n'est pas pour autant un modèle. Ce n'est pas une réponse. Les angoisses y sont à vif et passent devant le soleil comme des éclipses quotidiennes.

·C'est un laboratoire où se brassent pourtant les ferments d'un salut, pas pour l'Occident, pas pour l'Orient, mais pour l'espèce humaine tout court. Ce sont les choses grandes et magnifiques de la vie que les Californiens du Nouvel Âge interrogent : la mort, la santé, la foi, la conscience et le corps, l'amour. Ce sont elles qu'ils réexaminent. C'est pour les vivre différemment qu'ils fondent de nouveaux outils, de nouvelles méthodes. On ne va pas en Californie vers de nouveaux paysages. On se fabrique plutôt de nouveaux yeux. Marcel Proust disait qu'un nouveau regard est « le seul véritable voyage, le seul bain de jouvence ».

Combien nécessaire nous était ce voyage ! Allons, il faut cesser d'attendre que vienne d'un somptueux hasard, d'un tiers dirigeant ou d'une vague mémoire divine l'apocalypse ou le salut. L'étincelle de vie, de survie, est en chacun de nous. Il faut la faire jaillir.

Notre réalité n'est-elle pas beaucoup plus vaste que notre pensée sur elle ? Nous recommencerons tout bêtement. Nous irons parler de la vie aux mourants. Nous leur tendrons la main, nous leur parlerons de notre communauté de sort, de notre sublime et terrifiante égalité. L'amour californien n'est déjà plus Unique. Il est devenu un réseau de tendresses, non plus dirigées sur un être du genre opposé mais sur un autre membre de l'espèce vivante.

Allons, il faut aussi aimer partir. Nous avons le devoir de voyager.

Allons, il faut renaître.

Table

Sylvie   9

Big Mamma   15

Edouard   41

Sciences : les apprentis sorciers   59

Santé : choisissez   111

Féminin masculin : il est interdit
    de ne plus désirer   145

Renaître   219

Collection Points

SÉRIE ACTUELS

A1. Lettres de prison, *par Gabrielle Russier*
A2. J'étais un drogué, *par Guy Champagne*
A3. Les Dossiers noirs de la police française, *par Denis Langlois*
A4. Do It, *par Jerry Rubin*
A5. Les Industriels de la fraude fiscale, *par Jean Cosson*
A6. Entretiens avec Allende, *par Régis Debray* (épuisé)
A7. De la Chine, *par Maria-Antonietta Macciocchi*
A8. Après la drogue, *par Guy Champagne*
A9. Les Grandes Manœuvres de l'opium
     par Catherine Lamour et Michel Lamberti
A10. Les Dossiers noirs de la justice française,
     par Denis Langlois
A11. Le Dossier confidentiel de l'euthanasie
     par Igor Barrère et Étienne Lalou
A12. Discours américains, *par Alexandre Soljénitsyne*
A13. Les Exclus, *par René Lenoir*
A14. Souvenirs obscurs d'un Juif polonais né en France
     par Pierre Goldman
A15. Le Mandarin aux pieds nus, *par Alexandre Minkowski*
A16. Une Suisse au-dessus de tout soupçon, *par Jean Ziegler*
A17. La Fabrication des mâles
     par Georges Falconnet et Nadine Lefaucheur
A18. Rock babies, *par Raoul Hoffmann et Jean-Marie Leduc*
A19. La nostalgie n'est plus ce qu'elle était,
     par Simone Signoret
A20. L'Allergie au travail, *par Jean Rousselet*
A21. Deuxième Retour de Chine
     par Claudie et Jacques Broyelle et Evelyne Tschirhart
A22. Je suis comme une truie qui doute, *par Claude Duneton*
A23. Travailler deux heures par jour, *par Adret*
A24. Le rugby, c'est un monde, *par Jean Lacouture*
A25. La Plus Haute des solitudes, *par Tahar Ben Jelloun*
A26. Le Nouveau Désordre amoureux
     par Pascal Bruckner et Alain Finkielkraut
A27. Voyage inachevé, *par Yehudi Menuhin*
A28. Le communisme est-il soluble dans l'alcool ?
     par Antoine et Philippe Meyer
A29. Sciences de la vie et Société
     par François Gros, François Jacob et Pierre Royer
A30. Anti-manuel de français
     par Claude Duneton et Jean-Pierre Pagliano
A31. Cet enfant qui se drogue, c'est le mien, *par Jacques Guillon*

A32. Les Femmes, la Pornographie, l'Érotisme
    par Marie-Françoise Hans et Gilles Lapouge
A33. Parole d'homme, *par Roger Garaudy*
A34. Nouveau Guide des médicaments, *par le Dr Henri Pradal*
A35. Rue du Prolétaire rouge, *par Nina et Jean Kéhayan*
A36. Main basse sur l'Afrique, *par Jean Ziegler*
A37. Un voyage vers l'Asie, *par Jean-Claude Guillebaud*
A38. Appel aux vivants, *par Roger Garaudy*
A39. Quand vient le souvenir, *par Saul Friedländer*
A40. La Marijuana, *par Solomon H. Snyder*
A41. Un lit à soi, *par Évelyne Le Garrec*
A42. Le lendemain, elle était souriante...
    par Simone Signoret
A43. La Volonté de guérir, *par Norman Cousins*
A44. Les Nouvelles Sectes, *par Alain Woodrow*
A45. Cent ans de chanson française
    par Chantal Brunschwig, Louis-Jean Calvet et Jean-Claude Klein
A46. La Malbouffe, *par Stella et Joël de Rosnay*
A47. Médecin de la liberté, *par Paul Milliez*
A48. Un Juif pas très catholique, *par Alexandre Minkowski*
A49. Un voyage en Océanie, *par Jean-Claude Guillebaud*
A50. Au coin de la rue, l'aventure
    par Pascal Bruckner et Alain Finkielkraut
A51. John Reed, *par Robert Rosenstone*
A52. Le Tabouret de Piotr, *par Jean Kéhayan*
A53. Le temps qui tue, le temps qui guérit
    par Dr Fernand Attali
A54. La Lumière médicale, *par Norbert Bensaïd*

IMPRIMERIE HÉRISSEY À ÉVREUX
D.L. JANVIER 1983. N° 6348 (30670)